神とは何か

哲学としてのキリスト教

稲垣良典

講談社現代新書

2514

目次

まえがき

科学時代の常識を破る問い

「神とは何か」というこの書物の表題が目に留まり、今の時代に風変わりな人間がいるものだ、いったいこんな問いかけに興味を示す者がどこにいるのか、この問いに答えがあるというのか、いやその前にこの書物の著者は答えを知っているのか、と疑問を抱く人がいたならば――たぶん、その数は少なくないと思うが――私はここでただちにその疑問はそっくりそのまま私自身感じたものだと答えたい。

「神とは何か」という問いの特異性というか不思議さについては、この後「序論」で集中的に取り上げて考察するほか、繰り返しさまざまの角度から考えてゆく。それはわれわれの日常生活のなかで好奇心から生まれる問い、あるいは科学者が自らの特定の研究領域のなかでそれぞれ固有の方法を駆使して対象からいわば力ずくで答えを摑み取ろうと試みる問いとはまったく違う。それは「何か」と問うことが無意味に感じられるほどわれわれ自身に身近で、自分自身の奥深く現存するかと思えば、われわれの想像力はおろか認識・思考能力のすべてを無限に超えるとしか言いようのない何物かに向けられた問いである。ということは「神とは何か」という問いはわかりきったことに向けられた空虚な問いであるか、「知りえない・語りえない」と自ら認めつつあえて知りたいと熱望する自己矛盾的な問いである、ということになろう。いずれにしてもこの問いは普通の意味での答えがない、その意味で特異で不思議な問いであることは間違いない。

いまこの問いは科学者が科学者として取り組む問いとはまったく違うことに触れたが、われわれにとってきわめて身近で、平凡と言えるほどわかりきったことでありながら、いざそれは何かと問い始めるとまったく不可解で測りがたいようなことは科学的探求の領域からは原則的に排除される。そして科学的探求の領域から排除された事柄についてはもはや厳密な意味で知ることは不可能だ、というのが科学の時代である近・現代の常識であるから、「神とは何か」という問いは知的探求の領域から原則的に排除されることになる。

ここからして、人間の「知る」という働きは正確に言えば科学的に知るということだ、少なくともそのことを目指すべきだ、という立場をとる人々――恐らく「知識人」とか「科学的な考え方をする人」の大半がそうだと思われるが――にとっては「神とは何か」という問いは知識の領域に属するものとは見做(みな)されない。

ところで（科学的）知識の領域に含まれないということは、科学的に説明される現実の世界には存在しないということであり、科学的に説明される世界のみが現実の世界だと信じる者にとっては、そのような（科学的知識の領域に含まれない）ものは実在しないに等しいことになる。実際に、科学的知識の対象になりえないような神の実在は認められないという理由で無神論を支持する者は多いのであり、冒頭で触れた「いまの時代に風変わりな……」という表現はそうした科学時代の「常識」を言い表すものであった。つまり「神とは何か」という問いは、科学時代の常識を前にして知的な問いとしての意味を喪失したというわけである。

確かに「神とは何か」という問いが置かれている状況は、右に述べたような科学的知識の領域、したがってまた知的関心の領域からの追放というものであり、この問いにはすでに結着がついているとの印象を受ける。しかし、本当にそうであろうか。デカルトにおいて始まった絶対に不可謬（ふかびゅう）で不可疑の基礎原理の上に築かれた新しい哲学、そして、ガリレオ、ニュートン、ラプラスなどによって開かれた道を急速に突き進むことによって築かれた近代科学は、「神」という前提を必要としない人間的知の体系を創り上げたのであろうか。ここでのわれわれの関心事である「神とは何か」という問いに限って言えば、「この問いは無意味であることが科学的に明らかにされた。論証完了！」ということなのであろうか。私にはそうだとは思われない。

「自己」を問うことは「神」を問うこと

なぜかと言えば、「神とは何か」という問いときわめて類似した「自己とは何か」という重大な問いも、近代哲学においては明確な答えが見出されないまま、あたかも解決済みであるかのように放置されているからである。つまり自己とは、われわれが「自己とは何か」と問う時に、問うているわれわれ自身なのだから、これ以上に身近で、私自身に親しく現存するものはありえない。しかしあらためて自己とは何かと問うと、自己は私が見て、触れる存在のように感覚で直接に捉えることのできないものであるから、それを明確に知的に認識するためには精密かつ熱心な探求と洞察が必要とされる。

そのことを理解しないで自己認識を試みたヒューム（David Hume, 1711-1776）は「自己は知覚の束にすぎない」と結論したのであった。また、デカルトが試みた自己認識は単なる自己意識にすぎないことを見てとって、自ら自己認識の難題と取り組んだカントは、結局のところ理性の正当な（認識）要求と不当要求を判定する法廷の設定に過ぎない「純粋理性批判」を遂行するにとどまったのである。

ここでは「神とは何か」という問いと「自己とは何か」という問いは極度に類似してい

ると述べるにとどまったが、この後できる限り明らかにしようと試みるつもりの「神とは何か」という問いは、「自己とは何か」という問いの探求の深まりが必然的に呼び起こし、考察せざるをえなくなる問いであると同時に、「自己とは何か」という「人間精神の自己への立ち帰り」である問いを真剣に問うことによってのみ生まれてくる問いである。ということは、自己認識の挫折が「神とは何か」という問いの忘却を引き起こしたということなのであろうか。

近代哲学の欠陥

そして私がこの書物で指摘して、今後の討論を期待したかったのは、デカルト、ヒューム、カントという、近代哲学を建設し、方向づけた哲学者たちは人間的認識、つまり人間の「知る」という働きをもっぱら確実で検証可能な科学的知識という側面に限定し、その帰結として「神とは何か」「自己とは何か」という問いが(科学的)知識の領域ではなく、知恵の領域に属する問いであることを見誤ったのではないか、ということである。言いかえると、これら近代哲学を代表する思想家たちは人間の「知」を確実な答えが原則的に発見できる「問題」に関わる「知識」のみに限定し、一見わかりきった平凡なことのようで、あらためて正面から立ち向かうとその不思議さでわれわれを驚嘆させ、限りない探求へと誘う「神秘」に関わる「知恵」を区別しなかったのではないか。

（科学的）知識が関わる「問題」と、知恵そして真正な知恵の探求（哲学）としての形而上学が関わる「神秘」との明確な区別は、二〇世紀前半にガブリエル・マルセル（Gabriel Marcel, 1889-1973）を始めとする一連の形而上学の復権を主張する哲学者によってあらためて指摘された。とはいえ、この重大な区別を前述の偉大な哲学者たちが見落としたと言うのは幼稚な暴言だと、これらの哲学者の研究者たちから非難されるかもしれない。

しかし後で触れるように、知識と知恵の区別、そして人間的認識の本質を考察する精神の形而上学ないし形而上学的霊魂論は、すでに中世末期にウイリアム・オッカム（William of Ockham, 1280?-1349?）において崩壊していたのであり、デカルトが学んだ「スコラ哲学」は、このような精神の形而上学の根本問題に対処できなくなっていた。したがって古代・中世思想に比べてはるかに広大な宇宙論的展望と、信仰への依存を脱却した「経験と理性に従う者」（オッカム）の誇りをもって出発した近代思想は、形而上学的探求を適切、有効に進めるための途をはなから閉ざされていたのであった。このことを考慮に入れるとき、前述の私の批判的発言への反撥はかなり和らげられるのではないだろうか。

「知恵の探求」の復権

じつを言うと「私は信じることに場所を得させるために知ることをやめなければならなかった」というカントの「理性批判」によって閉ざされたまま現在にまで到っている、形而上学的な「神」探求への道を拓くことが、この書物で私が目指している目標なのである。一三世紀の神学者トマス・アクィナスの研究から出発した、いわばスコラ哲学を抱え込んだ哲学研究者が、近代哲学を代表するデカルト、ヒューム、カントの仕事を「挫折」といった否定的な言葉で簡単に切り捨てるのは不遜ではないか、と専門研究者に叱られるのは覚悟している。私があえてそうしたのは、一二世紀ルネサンスのある学識ある人物の言葉を借りると「巨人の肩に乗った侏儒（こびと）」としてである。実際に古代・中世の古典を研究した先輩たちから「人生の大事に関して古人が開拓してくれた知的遺産に比べると、近代哲学の偉大な人物たちの発言がどこか矮小（わいしょう）に響く」という感想を聞いたことがある。

　例えばわが国ではカントと言えば人間の真の道徳性、自律としての自由、人格の尊厳を明確・体系的に説いて倫理学の頂点を極めた哲学者であるという評価が定着している。しかし幸福や徳などに関するカントの議論を古代・中世の古典的な教説に比べると、倫理学の根本問題である人間の究極目的や、人間が真の究極目的への到達に向かって歩むべき道としての徳などの重要な問題をさしおいて、もっぱら「最小限の道徳」について緻密な分析を重ねたに過ぎないという印象を受ける。

カントにとって人間の道徳的完全性とは義務を義務として完璧に、すなわちあらゆる困難に打ち克って遂行することであり、それが徳にほかならない。そして人間は、徳という卓越性には名誉や富など、人々が幸福と呼ぶものが伴うように望むことが許されるが、これらのものは偶然に左右されるものであって、限りある地上の生では正義の要求を満たすような仕方で配分されることは期待できない。

そこでカントはこのような窮状の是正のために「実践理性の要請」として霊魂の不死性を導入する。私は昔、旧制高校の哲学概論でこのカント説を聞いたかどうか覚えていないが、もし聞いていたら納得したと思う。しかし、よくよく熟考すると、偶然に左右されるような「幸福」（それはむしろ「幸運」「僥倖」と呼ぶべきであろう）のために霊魂の不死がなくてはならぬ、という説が道理に適うものであろうか、むしろそうした偶然に左右されるものは、たとえ多くの人が欲するものであっても人間の真の幸福とは言えないのではないか。そしてアリストテレス、アウグスティヌス、アクィナスは揃ってそのように主張したのであった。

言うまでもなく、私は近代思想が数々の独創的で知的刺激に富む哲学者たちによって形成されたことを否定するつもりはない。ただ近代哲学や科学が古代・中世の「知恵の探求」を無用にしてしまったのではなく、そこにはわれわれが今こそ学ぶべき、そして学ぶことで人間として善く生きる道の発見が可能となるような知的遺産が含まれているのではないか、と示唆したいのである。この書物の副題を「哲学としてのキリスト教」としたのはそのような気持ちからであった。

中世哲学は「キリスト教的哲学」と呼ばれ、そして中世哲学を代表する「スコラ学」はキリスト教の教義・教説をプラトンやアリストテレスの哲学の学説や概念の助けをかりて明確・説得的に解説したものだ、という説明がかなり一般化しているようである。だが、これは事柄の本質を捉え損なった皮相的な説明にすぎない。そうではなく、卓越したスコラ学者たちはギリシア哲学における知恵の探求を、自分たちの信仰を知的に理解することで得た知恵の光の下で大いに進展させたのであった。それは取りも直さずキリスト教を知恵の探求という面で捉えることであり、私がここで「哲学としてのキリスト教」という表現を用いることを正当化するものではないだろうか。

いま「古代・中世の知恵の探求を学ぶことで人間として善く生きる道の発見が可能になる」と述べたが、そのことについて簡単に述べてこの「まえがき」の結びにしよう。「自己」を知る、すなわち「自己」という精神的存在を知的に理解するために第一に必要なのは、自己を「どこに」見出すかである。それは目に見える物体のように「ここ・あそこ」に在るのではなく、「時」のうちに在るものとしてまず見出される。時のうちに在るということは自己という存在には始まりがあって、終わりに向かって進んでいることを意味する。古今、東西を問わず、昔から自己を振り返ることを学んだ者が第一に問うのは「私はどこから来て、どこへ行くのか」であるのがその証しである。このように見てくると、「神とは何か」と題するこの書物の内容は、一言でまとめれば、自己発見への知的な旅ということになろう。

つまり人間とは「旅する者」であり、われわれが「人生」と呼んでいるのは「揺り籠」から「墓場」まで移動する単なる「過程」ではなく、はっきりと目的地を目指して歩む「旅路」だということである。じつは「知恵の探求」ということも、人間が「旅する者＝人間」でなければ意味がないのであり、それというのも「知恵」は人生という旅路の目的地に関わるからである。「人間、この旅する者」という自己認識がどうして人間として善く生きる道の発見に繋がるのかと尋ねられるならば、人生を真実に旅路として受け取り、旅路として歩む者は、この旅がいつか必ず死をもって終わる事実を挫折感や絶望をもって受け止めるのではなくて、むしろ目指していた目標・終着点――それがじつは「神とは何か」と問うていたものである――への到達であるという「希望」をもって待ち望むことができるからだ、と答えよう。

これに対してなぜどのような根拠で諦めや絶望ではなく希望について語りうるのかと厳しく問われるならば、この書物で私が自らの知恵の探求について述べたこと、とりわけ自己認識と「存在」理解に関する私の見解のほかに私の答えはない。いずれにしても私が語りうる希望は明証的な結論、堅く握りしめた確信のようなものではなく、私自身のささやかな知恵の探求のなかで私のうちに生まれ、育まれた習慣のようなものとしか言いようのないものだからである。

序論　「神とは何か」という問いをめぐって

1. 答えのない問い？

「神とは何か」と題する本書の内容は、この問いの意味をできる限り全体的、根本的につきとめる試みである。

私自身は「神とは何か」と真剣に問うことなしには「人間とは何か」という問いに適切に答えることはできず、したがって人間として善く生きるのもむずかしくなるのではないかと考えており、人間として善く生きるためには、「神とは何か」という問いをめぐって静かに考えるゆとりを持つことがどうしても必要ではないかと考える。

しかしそのような考え方というか人生観、価値観は明らかに極度の少数派であり、「科学的」でもなければ世間の常識でもないことはあらためて言うまでもない。要するに私のような考え方は一種の循環論あるいは同語反復(トートロジー)、つまり有限で偶然的な存在である人間は無限で必然的な神によって創造された、と何の科学的根拠もなしに前提しておいて、だから「人間とは何か」という問いに対する答えは人間を創った神に聞くほかないと結論しているだけだ、と片付けられる。

私はこの種の議論に接するたびに以前読んだバートランド・ラッセル（Bertrand Arthur William Russell, 1872-1970）の『わたしはなぜキリスト信者ではないか』（*Why I Am Not a Christian*, London, 1927）の一節を思い出す。英国ホイッグ党派の有力な貴族の家に生まれたラッセルは、あの有名な『自由論』を書いた哲学者ミル（John Stuart Mill, 1806-1873）が名付親（ゴッドファーザー）になって洗礼を受けたのだが、少年時代に宗教の合理的根拠を見出しえなかったことで不可知論者（アグノスティック）になったいきさつを次のように語っている。彼が学んだ教理問答書（カテキズム）の第一問は「わたしたちを造ったのはどなたですか（Who made us ?）」で、その答えは「神」であったが、ラッセル少年はすかさず「誰が神を造ったのか」（Who made God ?）と尋ねた。教師がこの問いに困惑し、答えられないのを見たラッセルは「この時、わたしはキリスト信者であることをやめた」と語っている。

　これはいかにもラッセルらしい——というのは私はラッセルをよく知る英国の著名なカトリック思想家マーティン・ダーシー神父（Martin Cyril D'Arcy, 1888-1976）から、ラッセルは機知とユーモアに満ちた座談の名手であったと直接に聞いたのが印象的だったので——才気あふれる応答であるが、ラッセル少年の質問を受けた教師が神について適切な意味のある仕方で語るための作法というか「文法」を教えなかったのが残念でならない。

　私は「神とは何か」という問いが無意味な循環論法ないし同語反復であるとは思わないが、この問いがそのような印象を与える理由は容易に理解できる。なぜなら「神」という名で呼びかけられている存在はわれわれが把握できないだけでなく、近づくことすらできないほど限りなく遠く、高く超越的であると同時に、われわれ自身よりもわれわれに身近で、われわれの存在の内奥に現存する。つまり最高度に超越的であって内在的である、というのが神について深く思索した哲学者たちの一致した見解だからである。

「神」と呼ばれる絶対者は最高度の超越性のゆえにわれわれには全く不知なるがままにとどまるが、最高善である神は最高の仕方で自己を被造物に分かち与えるという限りない愛のゆえにわれわれに最も親密に内在する、という「神」観は明白な矛盾とも見える逆説(パラドックス)をふくんでいる。そのような神について「何であるか」と問うことは、知りえない、語りえないと自ら認めている存在について知りたいと欲すること、あるいは最も身近で問うことが無意味であるほどの存在に疑問を抱き、探索することであり、そこから循環論法あるいは同語反復という印象が生まれるのであろう。

2. 「神の存在証明」の無意味さ

おそらく多くの読者が「神とは何か」と問う前に「神は存在するか否か」と問うのが論理的であり、またわれわれの間では無神論が大勢を占め、わざわざ無神論の立場を表明するまでもなく現代社会は神不在が自明の理となった「世俗都市(セキュラー・シティー)」だと考える者も多いのだから、その方が問いとしてもわかりやすいし、関心を呼び起こす可能性もより高い、という意見ではないか。しかし私は読者を驚かせるかもしれないが、近代哲学で論議された神の存在論証なるものはあまり実りあるものではなかったし、そもそも科学的な意味での存在証明・論証は、こと神に関する限りありえない、という立場である。

もちろん私はわれわれが「神」と呼び、「神」として理解している者は実在する、と考えることは条理にかなっており、また説得的に確証できると確信している。しかし、そのような確証はじつはわれわれが「神とは何か」という知的探求を進めるのに相応して生まれ、強められるものであって、「神とは何か」と問うことなしに「神は存在するか」と問うことは無意味なのである。このような私の考え方は、とりわけ無神論の立場をとる論者には受け容れがたいものであるに違いないが、第二章「無神論とどう向き合うか」を読んでいただければ、かなりの程度まで納得されるのではないかと思う。

同じ理由で私は「神は一か多か」という一神教・対・多神教の問題を最初に取り上げるべきだとも思わない。わが国ではユダヤ教・キリスト教・イスラム教などの一神教と日本固有の宗教である八百万（やおよろず）の神を拝（おが）む神道（しんとう）のような多神教とを比較する議論が盛んであるが、私はこのような議論は「神とは何か」と問う知的探求とはまったく別の次元に属すると考えている。

「一か多か」という問題は実証科学としての宗教学が、「神とは何か」という科学的な思考・認識方法によっては対応できない問いを排除して、実証科学の限界内で神を研究対象としたことに基づくものである。これに対して「神は一なるものである」という認識は「神とは何か」を問う知的探求の成果であって、それを宗教学的な「一神教・対・多神教」の議論と混同することは幼稚な誤りに過ぎないが、わが国ではこのような混同が見落とされているのではないだろうか。

3. 「自己とは何か」という問いとの類似性

「神とは何か」という問いは日常生活のなかで好奇心から起こる問い、科学者が自ら取り組み、それが何であるかをつきとめようと試みている対象に向かって発する問いとは根本的に違う問いである。通常「……は何か」という問いは自分が見たり、触れたりして、存在することが確認されたものに向けられる。ではわれわれは神に出会った上で「神とは何か」と問うのかといえば、決してそうではない。もし真実に「神と出会う」経験をしたのであれば「何か」と問う余地はなく、ただひたすら「私は神を見た」「私は神の現存を感じた」と証言するのみであろう。しかし、他方、まったく神に出会っていないのであれば、つまり神の存在を、いかに曖昧で漠然とした仕方ではあっても認知していないのであれば「神とは何か」という問いがわれわれの心に浮かぶことすらもありえないのではないだろうか。

「神とは何か」という問いはこのようにわれわれが普通「……は何か」と問う場合とはまったく次元が違う。「ここに・いま在る」と明確につきとめられるような仕方で出会っているのではないが、きわめて身近な、自分の奥深くでその現存を感じているとしか言いようのない存在に向けられた問いである。ここでわれわれが気付くのは、これはわれわれ自身の自己へと向けられた問いに似ている、ということである。

自己とは、われわれが「自己とは何か」と問う時、問うているのはわれわれ自身なのだから、これ以上身近で、親しく私自身に現存しているものはありえない。しかしそれは私が見て、触れるものの「存在」のように明確にその存在が確認されるものではないし、どこに在るのかと捜し求めるべきものでもない。

「見る、触れる、どこに在るかと捜す」ものは感覚的に知覚されるものであるが、そもそも自己は感覚によって捉えられる存在とは次元を異にしている。後で述べるように、人間本性を確実かつ正確に認識しようと欲するなら物理学を模範として「人間本性の科学」を建設すべきだ、と主張したヒュームは、自己は「知覚の束」に過ぎないと宣言した。自己認識の問題については後で詳しく述べるが、ヒュームは決して何か変わった極端なことを言っているのではなく、科学的に自己を捉えようとする限り、ヒュームが行きついた結論――「知覚の束」――は論理的であり不可避の帰結なのである。

4. 「神秘」の探求へ

では「神とは何か」「自己とは何か」という問いは実在しない対象に向けられた空虚な問いで、この問いをめぐる議論も検証不可能、つまり無意味であり、要するにそこでわれわれが関わっているのは「偽問題」なのか。もちろん、そうだと答える人も多いであろうが、私はとりあえず神や自己は感覚によっては捉えられず、科学の対象とはなりえないが、確かに人間的認識の対象になりうる可知的な精神的存在であり、知恵の探求としての哲学は、つねに真の実在としての自己と神を知ることを主要な課題としてきた、と答えたい。

もちろんこれは十分な答えではなく、知恵の探求としての哲学とはどのようなものであるかについては後で詳しく述べる。いずれにしても、知恵の探求の長い歴史の全体が偽問題の追求として簡単に片付けられるのでない限り、「神とは何か」「自己とは何か」という問いは確かに科学的ではないにしても、人間が真剣に問うべき重大な問いであったことは、すくなくとも知恵の探求が人生の大事であると認める者ならば否定できないのではないか。

しかし他方「科学的ではない」ということはウィトゲンシュタインが『論理哲学論

考』を締め括った言葉「ひとが語りえないことについては、ひとは沈黙しなければならない」[1]によると、一義的で明瞭な言葉では語りえない事柄に属するということである。従ってそれらについて科学的な分析や説明において妥当し、有効であった基準を適用することは控えなければならないが、そのことは、そのような事柄の実在性を否定したり、それらについて知ろうとすることは無意味だ、ということではない。ウィトゲンシュタイン自身、よく知られている右の言葉に先立って、「確かに語りえないことは存在する。それは自らを顕示するのであり、それが神秘である」[2]と明言している。

ここで言う「神秘」とは科学が解決を試みる「問題」(problem)とは明確に異なる「知恵の探求」としての哲学が知ろうと試みるものであって、例えば「在る」「知る」のように、平凡で自明的と言いたいくらいわれわれに親密でありながら、それの意味や根拠を探ろうとするとその計り知れない奥深さに驚くほかないような事柄である。じつはこのような「神秘」を探求するのが本来の意味での形而上学であり、したがって「神とは何か」を問い進めようとする本書で私が読者と共に取り組もうとしているのは、その意味での形而

(1) Ludwig Wittgenstein, *Tractatus Logico-Philosophicus*, 7.
(2) *Tractatus*, 6, 522. "Es gibt allerdings Unaussprechliches. Dies zeigt sich, es ist das Mystische."

上学的探求にほかならない。

5. 近代哲学の限界

私は「形而上学」とは何か、と考えるたびごとにカント『純粋理性批判』の冒頭の文章を思い出す。「人間の理性は、理性によるある種の認識において、特別な運命の下にある。すなわち理性は、理性が斥けることのできない問いによって悩まされるが、それはこの問いが理性そのものの本性によって理性に課せられているからであり、しかも理性はこの問いに答えることもできないが、それはこの問いが人間の理性のあらゆる能力を超えているからである。……(理性はこうした窮境を克服しようとする試みにおいて)混迷と矛盾に陥る。……この果てしない争いの戦場こそが、まさに形而上学と呼ばれるものである」

かつては「万学の女王」としての威厳と権威を認められていた形而上学が無政府状態に陥った理由は、人間理性が正当な(認識)要求と無根拠な不当要求との区別を無視して独断的にあらゆる可能な経験使用を踏み超えたからであった。そこでカントは「理性のあらゆる仕事のうちでもっとも困難な自己認識(Selbsterkenntnis)」——それは彼の場合、理性の正当な(認識)要求と不当要求とを判定する一つの法廷の設定を意味した——の仕事に新たに着手した。『純粋理性批判』はまさしくこの法廷だったのである。

カントについては後で改めて語ることになるが、ここでは彼が賢明にも自らに課した自己認識の仕事を徹底的に追求することによって、人間理性そのもの、すなわち精神的存在としての自己の認識に到達して、形而上学の根本的な課題の一つの解決に寄与することができなかったのは、哲学史上の大きな挫折であったことを指摘したい。じつを言うと、これはカントの形而上学的視野がデカルトを越えて拡がりえなかったという不幸な制約によるものであった。ということは、われわれがここで「自己とは何か」「神とは何か」と問い進める形而上学的探求は、近代という限界を越える形而上学的視野を前提とするものでなければならないということである。

ここで初めにもどって「神とは何か」と真剣に問うことなしには「人間とは何か」という問いに適切に答えることはできない、と私自身が考える理由を簡単に述べておきたい。

まず確認したいことは、「人間とは何か」という問いが、問う者自身を含むべきことは明白であるが(問う私は確かに人間であるから)、人間が自己自身を問う——つまり私が私自身の本質まで立ち帰る——ときの「人間」をいかに理解すべきかは明白ではないどころか、誤解されることが多い、という事実である。「科学時代」である現代においては、問う者自身つまり「自己」は、科学的に観察・研究される人間という生物の一個の事例に過ぎぬのであり、いわば「人間」という集合の一部分として「人間とは何か」という問いに含まれている。

しかし後で詳しく述べるように、自己認識は「人間科学」の開拓者ヒュームが誤って試みたように感覚的に経験される外界の物体的な事物へと向けられていた視線を観察者自身へと反転させるという仕方で行われるのではなく、「知る（知的・理性的に認識する）」働きを行う人間精神が自らの働きを振り返って、精神の本質まで立ち帰るという仕方で到達される。ところが「（人間精神が）精神の本質まで立ち帰る」、つまり人間精神が精神を認識するということはじつは容易なことではない。われわれは「精神」あるいは「心」という言葉を日常的に使い慣れているが、「精神とは何か」と問われると、精神は目に見えるものではなく、「ここに在る」と言えるものでもないから、大抵はそこで思考が停止する。

人間精神が精神を認識するためには精神に本来備わっている認識能力を、可変的な物体的事物よりもより上位の存在である不可変な精神を認識しうる「知的視力」を取得するところまで強化・成熟させる修練――これが真の意味での「哲学的修練」ではないだろうか――が必要とされる。後で述べるように形而上学、すなわち感覚的・物体的（「形而下」的）事物ではなく、「形而上」の事柄を考察する形而上学は自己認識から出発しなくてはならないのは、人間精神にとって自己認識のみが「形而上」的な認識への道だからである。

そしてこのような人間精神の自己認識それ自体が形而上学的認識であり、それは必然的に自己という存在の第一の始源であり、究極の根拠としての神の認識へと向かうものである。「人間とは何か」という問いに適切に答えようとする試みは必然的に「神とは何か」と問うことを要求する、と私が考えるのは、このような理由に基づいている。

ここで少し説明を補足すると、われわれが確実な知識、すなわち科学的知識という現代の常識に従って「人間とは何か」と問う場合、「人間」は実証的科学の対象となる生物として捉えられており、それは実証的科学が自然科学のみでなく社会学、人類学などの人文科学を含む場合でも同じである。その場合の「人間とは何か」という問いは、確かに人間が人間に向けた問いであるけれども、自己認識ではない。

私は高度の知能を備えた動物、AI、あるいはロボットは仮に科学的な認識は学習できたとしても、自己認識への到達は不可能だ、と考えているが、それは自己認識はもろもろの物体的存在よりもより高度の、自らの存在の本質にまで立ち帰りうるような在り方をする、精神的存在のみが為しうる認識だからである。そして自らの存在の本質にまで立ち帰りうる精神的存在は、自らがどこから来て、どこへ行くのかと自らの存在の第一根源と究極目的を問いうるし、また問わざるをえない。つまり、自己認識のあるところ、必然的に「神とは何か」という問いが生まれるのである。

第一章　なぜ形而上学か

1.「神とは何か」という問いの謎

「神とは何か」という風変わりな問いは、人間が決して知りえないであろう存在について何よりも知ることを熱望する、という明白な矛盾をふくむ逆説的な問いと言える。しかし、あらためて考えてみれば（「神よ！」と心の底から呼びかけたことのない人は、われわれが漠然と想像するよりもはるかに少ないので）この問いは、じつは同時に問うことが無意味なほどわれわれに身近な存在に疑問を向ける可笑しい問いであることもいちおう確認した。さらに、この問いがわれわれの日常生活のなかで好奇心から、あるいは必要に迫られて発するさまざまの問い、さらに科学者たちがそれぞれの研究領域で解決を試みる問題に対してつきつける問いとも根本的に異なる種類の問いであることも明らかになった。

そのような違いの確認と並んで重要だと思われるのは、「神とは何か」という問いと「自己とは何か」という問いとの親近性あるいは類似性である。「自己とは何か」という問いに特別の関心を持ったことのない人でも「汝自らを知れ」という戒め、あるいは「自己に打ち克つ」「自己反省」などの言葉を意味のある表現として用いているはずであるから、おそらく自己が（「自己とは何か」と問うている自己とまったく同一の問われている）自己について、「何か」と問うことの不思議さ、あるいは奇妙さを漠然と感じたことはあるのではないか。

問うている自己とまったく同一の存在であるはずの（問われている）自己が、あたかも何処かにひそかに隠れているかのように「何か」と問い、探索することの可笑しさ、不思議さは、じつは人間を人間たらしめる「知る」という働きの本質から見るときわめて自然で条理にかなったことと言えるかもしれない。さきに「問題」と「神秘」の区別に触れたが、それは現代では科学によって代表される確実で論証ないし検証可能な知識と、一義的で明瞭な言葉では語られないが確かに実在する神秘を探求する知恵との区別に対応する。そしてわれわれがひとたび知識と知恵との区別に目が開かれ、人間の「知る」働きはその本質からして知識の段階を超えて知恵の希求へと到るべきことを確認する——つまり形而上学的探求の必要性を自覚するとき、「神とは何か」「自己とは何か」という問いの意味と重要性も明確に見えてくる、と言えるであろう。

2. 人間の「生まれつき知る」働き

ここで議論を先に進める前に、「人間を人間たらしめる《知る》という働き」という言い方に不審を抱く読者が多いかもしれないので、一言説明を付け加えよう。アリストテレスが『形而上学』の冒頭で「すべての人間は、生まれつき、知ることを欲する」と述べていることは広く知られているが、それに続けて「生まれつき」つまり人間の本性からしてということの意味を明確に説明していることにはあまり注意が払われていないのではないだろうか。アリストテレスによるとすべての人間が「生まれつき」知ることを欲するのは、生きてゆく上での効用や快適さのゆえにではなく、いわば低い方へ流れることが水にとって自然であるように、人間であることがそのまま知るという働きとして現実化されているのである。

言いかえると、知るということはある意味では（人間として）存在するということと同一のことを言い表している、というのがアリストテレスの立場であった。「知る」という働きを「存在」と同一視するのは極端だ、「ある意味で」という限定つきでもとうてい受け容れられないと感じる人は、アリストテレスが『霊魂論（デ・アニマ）』第二巻で「生物にとってそのあり方とは生きていることである」[3]と述べているのを思い出していただきたい。私自身、ずっと以前、トマス・アクィナスの『対異教徒大全』を読んでいて「生きるということは生物の存在である」[4]（vivere enim est esse viventis）という表現が繰り返されるのに遭遇して少なからず衝撃を覚えた記憶がある。というのも、ここから直ちに「知るということは或る意味で人間の存在である」と論理的に結論できるからである。[5]

現代のわれわれにとって「知る」という働きを人間の本性や存在そのものと同一視することは、人間を純粋な知的・精神的存在である天使と同一視する誤謬[6]としか映らないであろう。われわれにとって「生きる」とは自然環境のなかで他のもろもろの生物と共に生き、またさまざまな共同体や社会のなかで他者と役割を分担し、協力しながら生きることであり、「知る」働きは、そのような自然界での共生や社会生活を人間が有効かつ快適に営むことを可能にしてくれる機能であり、道具である、と考えるのが常識だからである。[7]

ところで、人間の「知る」働きを、人間が自然および社会という環境世界で自らが必要とするものを有効に取得し欲望を満たす機能ないし道具として捉えるということは、「知る」を自然科学によって代表される知識と同一視することにほかならない。このように人間の「知る」という働き——それはわれわれの「……とは何か」という問いと領域あるいは限界を等しくするものであるが——を検証可能で確実な知識である自然科学を基準とし

(3) Aristotelēs, *De Anima*, II, 415b 13.
(4) Thomas Aquinas, *Summa Contra Gentiles*, II, 57.
(5) Thomas Aquinas, *Quaestio Disputata de Spiritualibus Creaturis*, 11, ad 14. 時としてintellegereは働きと解され、その場合にはそれの原理は能力もしくは習慣である。しかし時としては知性的本性の存在そのものと解され、その場合にはそれ(intellegere)の原理は知性的霊魂の本質そのものである。
(6) この誤謬について次を参照。稲垣良典『天使論序説』講談社学術文庫、一九九六年、M・J・アドラー『天使とわれら』稲垣良典訳、講談社学術文庫、一九九七年。
(7) この常識は人間の知る働きをこのような「現世的」機能のみに限る謬り(あやま)であり、知恵の見落としであることを本書では繰り返し指摘している。

て捉え、人間の知的関心や探求をそのような知識の領域の限界内に閉じこめようとする現代の通念ないし常識の当否は改めて検討しよう。

ここではとりあえず、「人間は生まれつき知ることを欲する」という人間の自然本性的な知的願望は果たしてそうした科学的知識を取得することで完全に満たされるのか、と問いたい。角度を変えて言うと、人間の自然本性に具（そな）わっている知的能力ないし知的な受容可能性（キャパシティー）というものは、そうした知識を取得することで使いつくされるのか、という疑問である。これは先に繰り返し触れた「問題」と「神秘」の区別に対応し、神秘を知的探求が関わるべき可知的な領域として認めるべきか、という疑問である。

この疑問をここで取り上げるのは、神秘を知的探求の最高で最も重要な段階と位置づけ、それを対象として選びとるのが（知識から区別された）知恵であり、知恵の探求である哲学の核心とも言うべきものが形而上学に他ならないからである。「自己とは何か」「神とは何か」と問うことは形而上学の主要な課題であるから、ここで人間の「知る」働きは知識で終結するものであり、知恵はつとに存在理由を喪失した空虚な知的遊戯に過ぎないのであればこの先を書き続ける意味はなくなってしまう。というわけで、原則的に普遍的で確実な解答が得られるはずの「問題」から区別された「神秘」を知的探求の対象とする形而上学の重要性、ないし不可欠性にできるだけ光をあててみたい。

3.「知る」とはどういうことか？

おそらく読者の多くがアウグスティヌス『告白(こくはく)』の中の次の言葉を御存知であろう。「私たちが会話のさい、時間ほど親しみ深く熟知のものとして言及するものは何もありません。それについて話すとき、たしかに私たちは理解しています。他人が話すのを聞くとき、たしかに私たちは理解しています。ではいったい時間とは何でしょうか。誰も私にたずねないとき、私は知っています。たずねられて説明しようと思うと、知らないのです[8]」。時間がまさしく神秘としてわれわれに立ち現れることについてアウグスティヌスのこの言葉に付け加えることは何もない。

「いま何時」と確かめたり、どれだけ経過したのか計測する時間(クロノス)と、「今こそその時」とか「好機到来」といった言葉で言い表す時(カイロス)の両者をふくめて時間ほどわれわれに親しみ深く熟知のものはないのに、あらためて「時間とは何か」と問い、その正体を捉(つか)まえ本質に迫ろうと試みる者は、自分が立ち向かう対象に翻弄されるのみで探求は挫折するのが常である。しかもそのような探求を試みた者は必ずしも自分が空虚で無意味な幻影にふり廻

(8) Augustinus, *Confessiones*, XI, 14, 17.

されたとは感じない。むしろ「時間」と呼ばれているものの本質を見てとるには自らの知的「視力」が未だ不足であると認め、機が熟するのを待って何度でも探求を試みる者が多いのではないか。

時間という主題は二〇世紀の哲学においてはベルクソン、フッサール、ハイデガーなどによって取り上げられたが、自然科学者あるいは心理学者、精神医学者にとっても大きな関心に値するものであり、ここで神秘として形而上学の対象に数えることには疑問を感じる読者が多いかもしれない。しかし、時間の本質を問うことは「存在」それ自体について問うことであり、[9] また自己認識という課題からも切り離しえないことであるから、[10] 時間を神秘として形而上学の主要な主題の一つに数えることには十分な根拠があると考える。

同じことが「知る」という人間の働き、というよりは人間の本性さらには人間存在自体とも同一視できるようなことについても言える。

「知るとはどういうことであるか」、それは誰でも知っている。しかし「知る」ということをただ別の言葉で言いかえるのではなく、その本質を正確かつ適切に説明しようと試みる者は誰しもその計り知れぬほどの困難さに驚くに違いない。パスカル『パンセ』の「一本の葦にすぎない、そして一吹きの蒸気、一滴の水だけで宇宙の餌食となるようにか弱い人間は知ることによって宇宙全体よりもさらに貴い[11]」という有名な言葉の真理はまさに

「知る」ことの本質をいかに理解するかにかかっている。

そしてじつは「知る」ということの本質は、それが人間の環境世界での生に持つ効用やそこで果たす役割・機能との関係においては十分に説明はできないのではないか。その本質は、たとえばアリストテレスが『霊魂論』において「魂(プシュケー)はある意味で存在するもののすべてである」[12]と述べた言葉にふくまれる、人間精神は「知る」ことを通じて「存在するもののすべて」と合一する、という形而上学的な洞察を考慮にいれることによってはじめて理解できると思われるのである。

「知る」は確かに日常の平凡な事実であり、そして「知る」ことにおいて「知る者」は「知られるもの」と何らかの仕方で一つになる(それが「知る」ということだ)ということも万人周知の「判(わか)りきったこと」である。だがわれわれがこの「わかりきったこと」に大きな驚きを覚え、それはどのようなことであるかを探求し始めると、それがじつは計り知れない神秘であることに気付く。「知る者」は何ら通常の意味での変化を蒙(こうむ)ることなしにい

(9) これは大げさな表現であるが、私がハイデガー『存在と時間』を読んで新鮮な驚きを覚えた時の感想である。
(10) 木村敏『時間と自己』中公新書、一九八二年、を参照。
(11) Blaise Pascal, *Pensées*, 347 (ブランシュヴィック版)。
(12) Aristoteles, *De Anima*, Ⅲ, 431b 20–21.

かにして「知られるもの」と一つになりうるのか。それは科学的な方法では決して解明できない、つまり「問題」ではなく「神秘」であって、この神秘に接近する方法が形而上学的探求なのである。

4. 現代の課題

いま「『わかりきったこと』に大きな驚きを覚え、それはどのようなことであるかを探求し始める」と述べたが、言うまでもなく、現代においてはそのような「神秘」感覚は稀にしか見出されず、知的探求の態度として高く評価されているとは言えない。むしろさきに述べたように、「知る」ということを検証可能で確実な知識である自然科学を基準として捉え、人間の知的関心や探求はそのような知識の領域の限界内に閉じこめるべきだ、というのが現代の通念ないし常識であろう。

ではなぜそのような現代の常識にあえて異を唱えて形而上学的探求の必要性を主張するのか、と問われるならば、形而上学的探求のみが「自己」認識を可能にする知的探求だからだ、と答えよう。形而上学的な「自己」認識によって人間が精神的存在としての自己を実在として捉えるのでなければ、われわれは人間とは何であるかを確実かつ適切に認識することはできない――このことについては後で詳しく説明する――のであり、したがって人間として善く生きる道を見出すこともできないのである。

しかしこのような見解に対しては、人間として善く生きるように努めるのは知的探求の課題ではなく、むしろ道徳に属することであり、それは人間誰しもが備えている良心ないし社会生活において身につける道徳的思慮を働かせることによって対処すべきである、という異論が向けられるに違いない。カントならずとも、人間として善く生きるという道徳の根本的課題を、各人の心に刻みつけられているはずの実践的な道徳的原理に基づいて解決しようと試みないで「果てしない争いの戦場」と化した形而上学に委ねるのはもってのほかの心得違いだ、と考える人が多いのではないだろうか。

しかし私は道徳の根本原理を形而上学的な自己認識から出発して、人間本性を実在として探求し考察することによって理論的に基礎づけようとする試みが為されない限り、道徳に関する不可知論や相対主義に行きつくほかないと考える。「各人の良心に基づく自由な選択・決定」は、確かに道徳問題を考えるさいに必ず尊重しなければならない原則であるが、それは決して独り歩きしてはならない原則であることを強調したい。

これも後で詳しく述べなければならないが、人間の自由は決して自足的・絶対的ではないのであって、古代ローマのキケロが「人は法（キケロの言う人間が造った法ではなく、自然ないし理性と同一である正しい法）の奴隷であることによってのみ真に自由である」と言ったのは、決して誇張ではないのである。

5. 形而上学をめぐる誤解

以上、思いつくままに「時間」と「知ること」を例に取り上げて、形而上学的探求の必要不可欠さを明らかにしようと試みた。この二つが人間の日常生活の中で大きな、そして極めて重要な部分を占めていることはなんぴとにも明らかであろう。またこの二つが何であるかはそれを問われて説明しようと試みない限り、周知の事実である。われわれの日常生活における関心事は「いま何時か」（What time is it〈now〉?）「わたしはこのこと、あのことを知りたい」であって、「時間とは何か」（What is the time?）「知るとはどのようなことか」では決してない。言いかえると、われわれが日常生活を、さまざまな必要を満たし、もろもろの願望を充足させる、つまり効用と快適さという価値を実現してゆくという側面で理解する限り、「時間とは何か」「知るとはどのようなことか」と問う必要、つまり「形而上学的探求」の必要はまったくなさそうである。

われわれが現実に日常生活において経験しているのはこのような状況であるのに、なぜ形而上学的探求の必要不可欠さを主張するのか、という問いに対しては、さきにわれわれが人間として善く生きるためには「人間とは何か」を知ることが不可欠であり、そのためにどうしても欠くことのできない「自己認識」は形而上学的探求を通じてのみ可能となるからだ、と答えた。つまり、自己認識あるいは自己知は人間が人間として善く生きることに努める限り必要不可欠である、ということを共通の了解事項とした上で、自己認識は科学、ないし科学に依存している哲学によっては取得できず、形而上学的探求による他ない、と論を進めることによって形而上学の必要不可欠性を説得的に示そうとしたのであった。

言うまでもなく、人間が人間として善く生きる、つまり人間であることをより完全に実現しようと努める限り、形而上学的探求は人間にとって必要不可欠である、という議論を説得的なものにすることは容易ではない。これに続く章においてその議論がより説得的になるよう努力するつもりであるが、「なぜ形而上学か」と問いかけたこの章を閉じるにあたって、次の点について読者の誤解がないよう説明を補っておきたい。

形而上学については、「哲学」一般についての誤解がさらに悪化して、この哲学部門は日常生活から最も遠くかけ離れた事柄を、独特の専門用語で論じまくる、哲学のなかでもきわめて特殊な分野だ、という誤解がかなり一般化しているのではないかと思われる。確かに「形而上学(メタフィジカ)」という名称は「自然学(フィジカ)の後(メタ)」を意味し、単に自然学の後(メタ)で学ぶものという学習の順序を指示するのみでなく、人間の認識がそこから始まる感覚的、つまり「形而下」的事物を超え出て「形而上」の事柄を対象とすることを意味する。したがって形而上学が一種の難解さをふくむことは否定できない。

しかし、われわれが現に日常生活のなかで思考・認識・理解など一連の知的活動を行っている「場」は「形而上」的なのであるから、形而上学は決して日常生活から遊離した世界に関わっているのではない。むしろその正反対で、思考・認識・理解などの知的活動を行っている私自身・自己へと完全に立ち帰り、自己の本質を認識することから始めて、自己すなわち知的存在・精神である私が認識する固有の対象である「在るもの（エンス）」の考察を根元的・徹底的に行うのが形而上学にほかならない。

これまで自己認識は形而上学的探求によるほか到達できないと繰り返し述べ、そして形而上学は自己認識から出発することを強調したが、これは決してデカルト的「コギト（われ思う）」の立場ではない。むしろ形而上学が自己認識から始まるということは、アウグスティヌスが『真の宗教』のなかで「外に出て行くな。あなた自身の中（うち）に帰れ」(13)と戒めていることと完全に一致する。それは真理に憧れ、知恵を探求する者の心構えであり、その意味ではまったく単純なことなのである。

「単純な」ということは決して「容易な」という意味ではない。自分自身の中（うち）に帰るとは、他人の目には隠れている自分の秘め事を思うとか、さきに触れたヒュームが「私一個人について言えば私は自分自身と呼ぶものに最も親しく入りこむとき……決して知覚より以外のいかなる物を観ることもできない。……人間とは様々な知覚の束ないし集合に過ぎない[14]」と述べるときに実行していることではない。つまり単に外部の事物や出来事を知覚・観察していた視線を観察者自身へと反転させるといった類(たぐ)いの単純さではない。

そうではなく、思考・認識・理解などの知的活動を行っている私自身、つまり知的存在・精神である自己の本質を認識することが、「自分自身の中に帰る」ということにほかならない。ところで人間精神の自己認識については後で詳しく考察するが、ここではごく一般的に、人間の認識活動は感覚をもって始まり、感覚によって知覚される事物の「何であるか」(本性ないし本質)がその固有対象なのであるから、感覚によって捉えられる身体と結びついて一体となっているとはいえ、人間精神――われわれが普通「こころ」と呼んでいる存在――を明確に認識することは困難なのだと念を押しておきたい。

とはいえ人間精神にとって精神的存在の認識は不可能ではないのであり、われわれにはそのような認識力を習得することが可能である。そして「形而上学」を学ぶ者にとっての

(13) Augustinus, *De Vera Religione*, XXXIX, 72.
(14) David Hume, *A Treatise of Human Nature*, I, IV, 6.

最初の課題は精神的、すなわち「形而上的」存在を認識するちからを身につけることなのである。

私は形而上学的探求の全体が容易だとか、われわれ皆が形而上学者になる必要があると主張しているのではない。むしろ人間が人間として善く生きるためにどうしても必要な知恵の探求、その第一歩としての自己認識――「形而上的」精神的存在の認識――の重要性を強調しているのみである。それは必ずしも「形而上学」の学習による必要はなく、古今・東西の古典をじっくり、味わいつつ読むことでもかなり学びとることができるであろう。いずれにしても私が「神とは何か」という問いが意味のある、重要な問いとなりうるための前提条件として言及している「形而上学的探求」とは、アウグスティヌスの言う「あなた自身の中（うち）に帰れ」の実践であることを強調しておきたい。

6. 形而上学の「文化史的意義」

最後に文字通り蛇足を加えることになるのを承知の上で最近私が形而上学の「文化史的意義」について考えてきたことが、ここでの問題に関係があるように思われるので一言しておきたい。

「文化史的意義」とは、人間文化にとって不可欠であるが、文化に内属するのではなく、文化をむしろ超越する宗教（ここでは「啓示宗教」であるキリスト教を指す）と人間文化を結びつける役割を果たすことを意味する。「結びつける」とは、決して形而上学的探求が、あたかも天へ昇る梯子（はしご）のように、自然的秩序から超自然的秩序へと人間精神が上昇することを可能にする、というのではない。むしろ前述したように、形而上学的な自己認識によって、人間精神（知性）には「無限・永遠なるものに開かれたちから」が含まれていること、パスカルが言ったように「人間は人間を無限に超越するものである」[15]ことを明確にすることによって「宗教」という超自然に対する知的関心が生き生きと保たれるのを可能にするのである。

具体的に言うと、古代から中世に到るキリスト教思想史において「教父学」「スコラ哲学」と呼ばれる知的探求が果たした最も重要な役割は、プラトン、アリストテレス、新プラトン哲学などによって切り開かれた形而上学の道をさらに新しい経験と洞察によって進展させることによって、西欧文化が超自然的秩序に開かれた仕方で建設される可能性を拡げたことではなかったか、ということである。西欧文化・文明の根幹にはキリスト教がある、とよく言われる。しかし、それはおのずからそうなったのではなく、西欧文化という

（15）Blaise Pascal, *Pensées*, 434（ブランシュヴィック版）。

人間の営為を超自然的秩序——人間を無限に超越する価値の秩序——へと結びつける教父学・スコラ哲学の伝統があったからこそ実現したのではないか。かつてこの伝統は「福音のヘレニズム化」として排斥されたことがあるが、それは事の真相を見誤った皮相的な見解と言わざるをえない。

キリスト教と同じ時期に、中近東において出現し、比較宗教史学者によるとさまざまの点でキリスト教と類似した特徴を有したとされる諸々の宗教が、すべて神話、伝説と化してしまった現代において、多くの批判と敵意に曝されつつもキリスト教が生きた宗教として存続し、知的関心の対象であり続けている理由のすくなくとも一つは、右に述べた形而上学の「文化史的意義」ということで説明できるのではないだろうか。

第二章　無神論とどう向き合うか

1. 理性と信仰は別ものか？

前章では「神とは何か」という問いが無意味な循環論ないし同語反復に過ぎない空虚な問いではなく、またそれ自身のうちに明白な矛盾を含む擬似ないし虚偽の問いでもなく、じつは人間として善く生きることと密接に結びつく大事な問いであることを示そうと試みた。ではなぜそのように大事な、人間として何よりも関心を寄せるべき問いが無視され、放置されているのかといえば、端的に言って、「神」と呼ばれる存在がわれわれの知的関心の領域から排除されているから、というのがすぐ頭に浮かぶ理由である。

「知的関心」という言葉に注意していただきたい。「神」という言葉や神に関わる慣習や行事がわれわれの日常生活から消えたというのでは決してない。「神」に何らかの仕方で触れるスピリチュアル文献は巷に氾濫しているし、神詣で、祭りの慣習が衰えたのでもない。それらを大まかに「宗教」と呼ぶのであれば、われわれの社会は決して「無宗教的」ではない。

しかし、ここで「宗教」と呼ばれている社会的現象において「神」あるいは「神々」として語られ、また「宗教的」慣習や行為の対象となる存在に真剣な知的関心が向けられているのかといえば、そうではないと言わざるをえない。このような私の言分に対しては、わが国では昔から「鰯の頭も信心から」という諺があるように、信仰や信心などの宗教的行為は真理や条理が重んじられる知的関心から切り離すのが常識だ、という強力な反論があろう。

それに加えて西洋でも「近代神学の父」と称せられるシュライエルマッハー（Friedrich E. D. Schleiermacher, 1768-1834）が宗教論の古典に数えられる『宗教について』において宗教の本質は直観・感情であると主張し、さらに「絶対的依存の感情」において神と出会う体験を自らの神学の核心と見なしていたことはわが国でも広く知られている。[16] 私はこのようなシュライエルマッハーの神学ないし宗教観がわが国の読者にどのような影響を及ぼしたのか、ただ想像するほかない。しかしそれが信仰や信心を知的関心から切り離す傾向の強かったわが国において受け容れやすいものであったことは確かだと思う。

ここで強調しておきたいのは、信仰や信心の対象である神を知的関心の領域から切り離すこと、また信仰や信心は知性とは関わりがなく、感情に属するものだ、という主張は原則的な誤りであることの確認である。このような言い方は独断的で、軽率に響くかもしれないが、「知る」とは真なることを知ることであるように、信じるとは真であると信じる（たとえそれが誤りであることが後に知られるとしても）ことであり、真であると信じないで承認

（16）『宗教について』は過去一世紀の間に七回も邦訳されており、最新のものは深井智朗訳が春秋社から二〇一三年に出版された。

を与えることは厳密、正確な意味で「信じる」ことではない、という単純な文法の確認にすぎない。

宗教的信仰は人間理性の認識能力を超えることに関わるから知性ではなくある種の直観ないし感情に基づいているのだ、と言うのであれば、その場合でも、われわれは何者かに教えられて信じるのであり、「信じる」働きそのものは人間理性ないし知性に属することを確認したい。宗教的信仰の場合、知性が承認を与え、信じる働きへと向かうように意志が働きかけることは確かであるが、承認を与え、信じる働きそのものが知性に属することに変わりはない。意志や感情が「信じる」のではない。感情や意志はどこまでも人間理性ないし知性が「信じる」ようにと働きかけるのみである。

ということは信仰や信心において原則的・根本的に――「文法的に」と言ってもよいが――最も大事なのは「真理」だ、ということである。「鰯の頭」の諺はこのことを完全に無視するものだと言わざるをえない。ところが困ったことに、現代のわれわれの間では、「真理」という言葉がほとんど誤解と言いたいほどに矮小化され、科学者たちが追求している問題の正確な答え、ないし確実な解決を意味するようになっている。それはわれわれが競って追求し、誰よりも早く発見し、手に入れるべき、そして発見した者の所有に帰する宝を意味する。

しかし「真理」という言葉の本来の意味――そして私が信仰・信心において、したがって宗教において最も大事だと言うのはこの意味での真理である――は、われわれの知的な探求を照らし導く「光」なのであり、「知る」という働きは、この光によって成立するのである。われわれは通常、「知る」という働きによって真理を発見するのであり、真理は知る働きの結果であるかのように考えている。しかし「知る」という働きにおいて知る者と知られるものが「一」になるという「神秘」について形而上学的に探求すると、この「一」を成立させる根拠が真理なのであって、その意味では知ることが真理の結果として生ずる、ということがわかってくる。[17]

ここで「真理とは何か」という問いにこれ以上立ち入ることができないのは残念であるが、一つだけぜひとも指摘しておきたいのは、真理は決してわれわれが「知る」という働きを通じて獲得し、所有するものではなく、まして所有することによって人間の支配力を増強する――その意味では人間が自らの支配下に置く――ようなものではない、ということである。反対に真理とは人間がそれに自らを完全に従属させ、自らをまったく無にして

（17）この問題に関心のある読者は最近邦訳が出版されたトマス・アクィナス『真理論』（『中世思想原典集成　第Ⅱ期』1・2、平凡社、二〇一八年）冒頭の第一問題第一項を参照されたい。

受け容れる、という（真理の前での）謙遜さを学ぶときに、初めて真の意味での知的探求が成立する、そのようなものである。

このように見てくると、わが国で昔から「鰯の頭」の諺が示すように、信仰・信心を知的関心から切り離す傾向にあったのは、宗教、したがってまた「神」「神々」が「真理」から切り離されていたことを意味するであろう。そして、「神とは何か」という問いが人間として問うべき大事な問いとして位置づけられなかったことは、「真理とは何か」という問いもまた、「生まれながらに知ることを欲する人間」にとって問うべき大事な問いと見なされることはなかった、という事実を示しているのではないか。つまりわが国の宗教的風土における「神とは何か」という問いの不在は、わが国の知的風土における「真理とは何か」という問いの不在と重なり合っていた、と言えるのではないか。

しかしこの後、日本的霊性ないし宗教性の特徴について述べるさいにあらためて指摘することになるが、このようなわが国の宗教的風土および知的風土における「真理そのものである神」へと向けられた問いの不在は、決してわれわれの先祖が信じていた宗教が「多神教」として特徴づけることのできるものであったからではないことを強調しておきたい。そのことを示す顕著な徴（しるし）が、伊勢参宮の折に西行が詠（よ）んだ「何事のおわしますかは知らねども　忝（かたじけな）さに涙こぼるる」であると私は言いたい。これはまさしく真実の詩人のみに許される神秘の直観であり、この歌がわれわれの心に強く響き、深い共感を呼び起こすという事実は、「神とは何か」「真理とは何か」と問う知的探求の不在にもかかわらず、後述するような日本的霊性の真実を暗示するものと言えるのではなかろうか。むしろ問題なのは、近代になって西洋の文化・思想を大胆に取り入れて「近代化」をいち早く達成したかのように称しながら、西洋文化の源泉とも核心とも言うべき宗教的・精神的伝統との真実の出会いを達成しようとする試みを閑却してきたことではないだろうか。

2. 日本人は無神論者か?

「無神論とどう向き合うか」という表題を掲げながらこれまで「神」と呼ばれる存在はわれわれの知的関心から切り離されてきた、というわが国の宗教的風土というか日本的宗教性ないし霊性の特徴とも言うべきものについて述べてきた。日本的霊性・宗教性の特徴は、われわれが直接・具体的に感謝と崇敬をもって受けとめている自然の恵みと先祖の恩沢の背後に、深く秘められた神(あるいは仏)の恵み深さ、慈しみのあることを鋭く感じとりつつも、その神と直接に向き合う可能性には思い到らず、したがって「神」が知的関心ないし探求の対象となることはなかった、ということである。

日本的霊性をめぐって進められてきた私の思索は貧しいものだが、道元および親鸞によって到達された日本的霊性の境地は、私自身が研究してきたキリスト教思想を代表する神学者たちにも劣らぬ卓越性を有すると確信している。その日本的霊性は一六世紀に起こったキリスト教との出会い、「神はその独り子を与えるほど、この世（すなわちわれわれ人間）を愛した[18]」と教える、つまり自己否定と言えるまで親密に人間との交わりを深めた神を教える宗教との接触を通じても大きく変わることはなかった。つまり「神」が知的探求の対象となることはなかった、ということも事実である。

なぜこのように日本的霊性ないし宗教性の特徴について多くの言葉を費やすのかと言えば、われわれの間でごく普通の物の見方として語られる「無神論」とは、そのような日本的霊性のひとつの表現ではないか、と私には思われるからである。これは暴言のように響くかもしれないが、私はもちろんわが国に理論的・攻撃的な無神論を唱える論客が多数存在することを無視するつもりはない。しかし視点を変えて、なぜわが国では唯一なる、ペルソナ的神——決して擬人化されたという意味ではなく、ブーバー（Martin Buber, 1878-1965）の言う「我と汝」（Ich und Du）の関係における神——を信じることを第一の信仰箇条とする宗教は受け容れられにくいのか、と考えるとき、私の頭に第一に浮かぶのはこの日本的霊性の特徴としての「無神論」なのである。

つまりわが国には日本文化の長い歴史のなかで育まれた高度に洗練された豊かな霊

性・宗教性の遺産があるために、右に触れた「唯一なる、ペルソナ的神」にあえて知的関心を向け、「霊性・宗教性」の段階を超えて、唯一なる神に礼拝と讃美の奉仕を捧げる「宗教(レリギオ)」へとコミットすべき必然性を感じる者が少ないと言えるのではないか。そのように見た場合に日本的霊性はいわゆる「一神教」が広まるのを妨(さまた)げるとの意味で「無神論」の一種と見なされうるであろう。実際にわれわれの間で「無神論」としてやり取りされている思想の正体は、「一神教」へのコミットメントを保留した日本的霊性の現代版とも言うべきものではないかと思う。

3. 遠藤周作の指摘

わが国で「無神論」と呼ばれているものと「キリスト教国」としての西欧における無神論との違いについて遠藤周作(えんどうしゅうさく)はかつて「カトリック作家の問題」と題したエッセイの中で次のように述べている。「西欧の青年たちは、現在、キリスト者であろうとなかろうと、神について無関心ではいられません。彼らが無神論者であるという事は『敵を拒否した』ことを意味します。ところでわれわれが無神論者である事は、おおむね『神があろう

(18)『ヨハネ福音書』3・16。

が、なかろうが、どうでもいい』という事です。既に初手から、これだけの心理的差があるという事を認めねばなりません」[19]。

私は遠藤周作がここで「心理的差」という言葉を軽い意味で使っているのではなく、西欧の青年にとって神の存在を否定して無神論の立場を取るという選択は、単に一つの思想体系ないしはイデオロギーから別の思想体系・イデオロギーに乗り移るといったこと以上の重大な、知的存在としての自己の生き方そのものの転回を意味する、と言いたいのだと思う。遠藤はこのような違いを強調する理由として、日本人にとって「神」(そして天使や悪魔)は「観念的で抽象的なもの」に過ぎないのに対して、(西欧の)「キリスト者」にとっては神と天使、そして悪魔もまた「生きた実在」であるからだ、と述べている[20]。

私は遠藤が述べていることのなかで最も重要な点は、わが国の無神論者にとって「神」は「観念的で抽象的なもの」にとどまっているのに対して、(西欧の)キリスト者にとっては「生きた実在」(おそらくはわれわれが「ここに・今」在ると知覚しているものよりももっと確実で真実な意味での実在)なのだ、という指摘であると思う。単に頭の中で考えられ、想像されたもの、あるいは「ここで・今」知覚されたものなら、勘違いや見落としで済ませることができるかもしれない。しかし「生きた実在」に直面し、それを否定しようと試みる者は、前述したように、知的存在としての自己の全体を懸けてそのことに挑まなければならないからである。

ところで、神を「生きた実在」として捉えることは、じつはわれわれ人間が生まれながらに有する認識能力のみによってはまったく不可能であり、自然的秩序を超える神の恩寵の賜物である信仰によってのみ可能となる。そのことに関しては本書の終わりで触れる。しかしさきに触れたように、わが国には「唯一なる、ペルソナ的神」の存在を理論的に否定する無神論を唱える論客が多数存在することも事実であるから、ここで「無神論とどう向き合うか」という主題(テーマ)を取りあげた以上、そのような理論的で攻撃的な無神論に触れないで済ませることはできない。そこで次に現代の、そしてわが国でもよく知られている無神論について簡潔に述べることにしたい。

4. 無神論の限界

はじめに、多くの読者には奇妙な感じを与えるかもしれないが、私にとっては非常に大事でありながら、一般的にはほとんど見落とされているように思われる事柄について述べ

(19) 澤田和夫編『現代カトリシズム序説』東京創元社、一九五七年、一二六ページ。
(20) 前掲註(19)。

ておきたい。無神論とは「神は無い」「神は存在しない」ことを論証する立場であるが、そもそも神が「存在する」とはどういうことで、またどのようにして知られるのか、それが問題である。まずわれわれが通常、何かが在ることを確認する場合のように、「ここで・今」神を知覚する、ということが起こりえないのは言うまでもない。おそらく多くの人の同意を得られるのは、人間の力、そして想像しうる限りでのあらゆる可能性への望みが絶ちきられたところで事態が好転し（つまり本当に「奇跡」としか言いようのないことが起こって）思わず「神様はおられる」という言葉が口から漏れる場合ではないだろうか。

もちろん、単なる偶然や幸運に帰すべきことを神の存在の証しと思い誤ることはあるかもしれない。しかし、私にはこのような場合に「神様はおられる」という反応が自然に出てくること自体が人間の神認識について重要なことを語っていると思われるのである。それは、「万人が幸福であることを願っている」と言われるように、人間は自らの願望を完全に満たしてくれる最高善、すなわち至福を自然本性的に意志しており、そして至福とは万人が「神」と呼ぶものに他ならないことを認める限り、万人が神の存在を自然本性的に知っている、と結論せざるをえない、ということである。

もちろん（自然本性的な欲求が前提しているはずの）神の自然本性的な認識なるものはごく漠然とした曖昧な認識であり、また常に明確に意識されているのでもない。しかし前述のような神の働きのみに帰するほかない出来事に直面すると、われわれは自らの自然本性に立ち帰り、心の奥底にある「神」認識が明確に甦る（よみがえる）と言えないだろうか。万人が自然本性的な「神」認識——それは神の「何であるか」には触れることのない、ただ神が存在する、あるいはむしろ「神」と呼ばれるものが「在る」という認識であるが——を有することを認めることなしには、そもそも無神論も神の「存在」論証なるものもありえないのである。

つまり無神論は万人の心の深層にこうした漠然とした神「存在」の認識があることを認めた上で、それは小児病的な幻想ないし虚妄に過ぎないことを立証しようとするのである。反対に神の存在を肯定する者が行う存在証明なるものは、万人が、「神」と呼び、「神」として理解する存在は経験に基づいて確実に存在すると証明できることを示すものであり、それ以上ではない。

「それ以上ではない」と特に付加したのは、哲学史で紹介されるいわゆる神の「存在証明」は万人が「神と呼ぶ存在」[21]に関わっているに過ぎないことを強調するためである。こ

(21) キリスト教思想史における代表的な神の存在論証として言及されることの多いトマス・アクィナス『神学大全』（1、2、3）の「五つの道」という名称で有名な論証も、実は万人が「神と呼ぶ」あるいは「神と理解する」存在の論証である。

れに対して「神は存在する」あるいは「神は存在そのものである」と端的に言われる場合の「存在」とは神の本質なのであって、それは――もしそれが知られうるのであれば――神は「何であるか」の探求の究極において知られるものでなければならない。

私はこの点に関して、これまで護教論的な動機から、つまり無神論を論駁するために試みられたいわゆる「神の存在証明」は、確かに一種の「迷信」を排除するという点では意味はあったが、それ以上のものではないことが見落とされてきたのではないかと考える。われわれが直接に経験する事物、すなわち被造物の領域から出発して、すべてのものを存在せしめる存在の第一根源である神の存在を結論することで、あたかも神の存在については語りつくしたかのように考えるのは完全な誤解であると言わなければならない。

なおいまさき「迷信」という言葉が出てきたことについて、経験と理性に基づく科学を重視して、科学的知識によっては確証できない神の存在を否定する無神論は合理的であり、それを迷信呼ばわりするのははなはだしい暴論ではないか、と感じる読者が多いかもしれないので一言付け加えておきたい。

科学的知識によっては確証できない神の存在についてエポケー（判断中止）の態度をとることを「無神論」と呼ぶのであれば、それは決して「迷信」ではない。しかし、そこからただちに「神は存在しない」という結論をひき出し、この結論を自らが人間として下すすべての判断の最高基準にまで高めるのであれば、そのような無神論はもはや「科学的」(scientific)理論ではなく、むしろ「科学主義的信仰」(scientistic belief)と呼ぶべきであり、一種の迷信と見なしてよいのではないか。

5. 科学的無神論の矛盾

無神論には「もし神が存在するなら、悪はどこから来るのか」という問いをもって(神と悪の存在との絶対矛盾を論拠とする)哲学的無神論の元祖となったエピクロス(Epikouros, BC.341?-BC.270?)から、人間は絶対的に自由であるから自らがそれであるところのものの全体を自ら造り出す、それゆえ人間本性というものはなく、従って人間を造った神も存在しない、と説いたサルトル(Jean-Paul Sartre, 1905-1980)のヒューマニズム的無神論に到るまで、きわめて多様なものがある。

しかしそれらは基本的に⑴神の存在は、例えば悪の存在のように、われわれが確実に知っていることと絶対に相容れないがゆえに否定しなければならない、という積極的な神「排除論」を主張するか、⑵われわれは神を考察に入れることなしに、われわれが経験する世界・宇宙に関するすべてのことを知りうる、という神「無用論」、言いかえると宇宙のそれ自体における完結性・自己充足性を主張するか、この二つに大別できる。

そして前者は右に述べたエピクロスに始まって、後にボエティウス（Anicius Manlius Severinus Boethius, 480?-524?）の古典的名著『哲学の慰め』のなかで紹介され、有名になった、全能にして至善なる神の存在はこの世界における悪の存在とは相容れないとする、無神論の定番とも言える論証によって代表される。後者に関しては、わが国では「神学の秘密は人間学である」と断定し、「神は人間の自己疎外の産物である」という主張によって神についての一切の思考・知的探求を無用であると論じたフォイエルバッハ（Ludwig Andreas Feuerbach, 1804-1872）の無神論が有名であるが、私にはフォイエルバッハはヘーゲル（Georg Wilhelm Friedrich Hegel, 1770-1831）が『精神現象学』などによって創作した壮大な人間精神の「オデュッセイア」とも言うべきものを自分流に改作しているにすぎないように思われる。

むしろ神「無用論」としての無神論を代表するのは、右に言及した宇宙のそれ自体における完結性・自己充足性を主張する「科学主義的信仰」としての「自然主義 Naturalismus」ではないだろうか。このような「自然主義」的無神論を（おそらく象徴的に）代表するのは「神という仮説を必要としなくなった力学的世界観」を確立したとされるラプラス（Pierre-Simon Laplace, 1749-1827）であろう。彼が神の問題について質問した皇帝ナポレオンに対して「私は神という仮説を必要としない」旨、答えた逸話は有名であるが、じつは彼がニュートンから受け継いで理論的により精妙なものに仕上げたとされる物理的宇宙なるもの――それはわれわれがそこで存在し、生き、また直接に様々の仕方で経験している世界を物理学的カテゴリーへと還元したものであるが――は、それがもしわれわれの世界を物理学という一つの視点から綿密に描いたスケッチではなく、実在する世界そのものの再現だと主張されるのであれば、その主張は決して「科学的知識」ではなく、「科学主義的信仰」の表明であると言わなければならない。(22)

したがって「科学主義的信仰」によって根拠づけられ、説得性をかち得ている無神論は、じつはその根本的前提である宇宙の自己完結・自己充足性が「科学的」根拠を有するものではないのである。むしろ宇宙の自己完結性の主張は、物理学的方法によって認識される事物の世界のみが「実在」であるとする世界観を根拠づける何らかの形而上学(デカルトの物心二元論的形而上学)を暗黙のうちに前提するものと言わざるをえない。この議論にここでこれ以上、立ち入ることはできないが、わが国で広い支持層をかち得ている、経験と理性の所産である科学的知識に基づくと称する無神論は、じつは宇宙の自己完結性・自

(22) この問題に関してWolfgang Smith, *Cosmos and Transcendence: Breaking Through the Barrier of Scientistic Belief*, Sherwood Sugden, 1984を参照。

己充足性を宣言する科学主義的信仰に基づくものであることを確認しておきたい。

6.「神とは何か」と問うことの逆説

ではわが国において普通「無神論」という名で流通しているもの、およびこんにち「無神論」という名で理解されているものについてこれまで簡単に述べてきたことに基づいて、「無神論とどう向き合うか」という問いにどのように答えるべきか。

はっきりしていると思われるのは、「無神論」は「神は存在しない」と主張し、そのことを論証しようと試みるが、じつはほとんどすべての場合、その存在を否定している神の「何であるか」についてはあまり大きな知的関心はなく（感情的な嫌悪感、憎悪感はあるかもしれないが）、議論はもっぱらこの世界・宇宙と「神」と呼ばれるものとの関係に集中しているということである。

じつのところ、それはごく自然で、ある意味ではまったく当然と言えるかもしれない。なぜなら、人間の自然的能力による認識は感覚から始まるのであるから、理性による事物の本性・本質についての認識も感覚によって導かれうる範囲に限られるからである。したがって、われわれがこの世界の事物を直接に経験し、理性によって認識しえたことから、それらの事柄の根拠として必然的に要求される原因としての神の認識に到達しえたとしても、その認識はこの世界の事物の認識を根拠づけるために必要不可欠なことのみに限られざるをえない。それは当然きわめて限定された認識であって、たかだか「第一の動者」あるいは「存在の第一根源」、つまり「万人が神と呼ぶもの」が「在る」ことの認識にとどまるのである。

したがってまた、「無神論」といっても、さきにも触れたように、それはこの世界（それを神を信じる者は「被造物」——神によって創造されたもの——と呼ぶ）についての認識から導き出された結論に過ぎない。言いかえると、無神論なるものは、それが否定すると称する神自体については何も知らない、おそらく知ろうともしないままに神を否定する空回りの議論なのである。同じことが哲学的な神の「存在」証明についても言えるのであって、それは無神論に立ち向かって、理論的に克服するというよりは、無神論と同じレベルで果てしない論争を続ける試みと言うべきであろう。

無神論の理論的な克服を目指して有効に向き合うためには、われわれの知的探求を何らかの仕方で神の本質に確かに触れるところまで押し進めなければならない。その際決して見落としてはならないのは、神の「何であるか」は人間に固有の認識能力をもってしてはまったく知りえないものであり、知られないままにとどまらざるをえない、ということである。

そもそも「何であるか」を問う認識の仕方自体が神を何らかの本質・本性に限定し、閉じこめる。つまり有限化することを意味する限り、「神とは何か」と問うわれわれの知的探求は超克不可能とも見える困難に直面していることを忘れてはならない。おそらく、神はわれわれにとって知られざるものとしてとどまらざるをえないという自覚の深まりそのものが、われわれが到達しうる最も真実な神の認識にまで導いてくれるであろう。「神とは何か」という問いはそのような自己矛盾とも言えるほどの逆説をうちに秘めた問いだ、と言えるのではないだろうか。

第三章　知識と知恵

1. 知恵とは何か

これまで人間の「知る」という働きについてはいろいろと述べてきたし、知識と知恵の違いについても触れた。同じことの繰り返しのような印象になるかもしれないが、われわれの現実の生活ではどうしても確実で役に立つ「知識」に関心が集中し、「知恵」の本当の意味やその大切さを見落としがちになる。そこで、知恵は人間が「人間として生きる」ために必要か、という観点から知識と知恵について改めて考えることにしたい。

おそらくわれわれにとって知識と知恵の区別、そして知識と比較した場合の知恵の優越性が容易に理解できないのは、われわれの場合、知る働きはすべて何らかの実践へと秩序づけられていて、そうではない知る働き——じつは「知恵」はそれであるが——は空虚で実りないものであるという考え方が定着しているからであろう。

「理論」と「実践」という場合、理論は理論として完成されるのに応じて高く評価されるので、理論的研究に従事する者が単純に軽視されることはない。しかし最終的に何らかの実践的な成果・結実へと行きつくことのない理論は、知識としては何か欠如したものと見なされる。それはどういうことかというと、われわれの間では知識と区別された知恵について語られることはあっても、結局は人間の「知る」働きは実践に秩序づけられていて、その意味ではすべての「知る」働きは「知識」に還元される、ということである。

これに対して「知識」（scientia）と知恵（sapientia）が明確に区別されている知的環境においては、知恵という「知る」働きはそれ自体が目的（終極）であって、何らかの効用、成果といった実践的目的に秩序づけられてはいない。知恵に固有な「知る」働きは「観想」（〔ラテン語〕contemplatio,〔ギリシア語〕θεωρίᾱ）であり、それはそれ自体が目的であるような、最高の「知る」働きとして、すべての「知識」に優る卓越性を認められていた。われわれの間では「理論」と訳され、実践ないし応用へと秩序づけられるtheoriaはθεωρέω（見る、眺める）というギリシア語に基づいており、もともと「ものを在るがままに見ること」「観想（contemplation）」を意味する言葉であった。つまり、知恵は「観想」という知る働きと結びついているが、知識とは違って実践的・生産的活動へと秩序づけられてはいない。このような知恵と知識との区別をアウグスティヌスは次のような有名な言葉で簡潔に要約している。

「それゆえ、もし永遠的なものの知性的な認識（aeternarum rerum cognitio intellectualis）が知恵に属し、時間的なるものの理性的認識（temporalium rerum cognitio rationalis）が知識に属しているということが知恵と知識との直しい区別であるのならば、どれがどれに優位を占めるべきか、あるいは低位を占めるべきかを判断するのは困難ではない。……われわれが言及した二つのものには最も明白な違いがある。すなわち永遠的なるものの知性的な認識と時間的なるものの理性的認識とは別のものなのであり、前者を優先すべきことに疑いをさしはさむ者は誰もいないのである(23)」

ここでアウグスティヌスは『三位一体論』第一二巻で主題的に論じてきた知恵と知識とは何であるかを明確に規定し、この二つの違い、および前者の後者に対する優位を即座に認めないような者はいない、と断言している。確かにキリスト教思想史に関する限り、知恵と知識に関するアウグスティヌスの見解は古典的な権威として尊重されてきたと言える。それはわかりやすく言えば、人間の地上の生を旅路と見た上で、知識はこの旅において人間がさまざまのものをいかに有効かつ適切に使用して、旅を安全かつ快適に続けることができるかを教えてくれるものであるのに対して、知恵はたどり着くべき目的地を明確に示し、道に迷うことなく旅を終えて、目的地に到着して悦びをもって憩うことができるよう教えてくれるもの、と要約できるであろう。

ところが現代のわれわれが普通に理解している人間の生は、そもそも旅路ではない。それは誕生に始まって死において終わる生物のたどる過程であり、「揺り籠から墓場へ」とは言っても墓場を「目指して」旅するのではない。この過程の途中で実現・到達を目指す目標は色々とあり、人生を旅に喩えることはあっても、人生そのものが目的地への到達でもって完成する真の意味での旅であると考えられているのではない。したがって知恵を知識――実践へと秩序づけられた確実で有用な知――よりも何らか上位の知として区別することはあっても、それは生活をより快適で効率よいものにする「実践的な賢明さ」にとどまる、と言えるのではなかろうか。

2. 人間の生は旅路

では人間の生についての見方がこのように根本的に違う――「旅路・対・(生物のたどる)過程」――のはどうしてだろうか。私はこの根本的な違いは人間を中心に置いて万事を考えるか、あるいは人間は人間であるが、同時にまた人間であるべきであり、人間であることを学び、より完全に実現すべき存在であって、その意味では人間は自らを超えて進まなければならないと考えるか、そこから出てくると思う。[24]

人間を中心に置いて万事を考えるとは何も特別のことではなく、われわれが感覚でもっ

(23) Augustinus, *De Trinitate*, XII, XV, 25. なおここで「知性的」「理性的」という用語で区別されているのは、人間霊魂も神、天使と同じく知性的認識を行いうるが、神的、天使的知性とは違って、判断、推理などの段階を経てはじめて知性的認識に到達しうるところから、「理性的」として区別されるのである。

(24) 人間中心主義は古代ギリシアで活躍したソフィストにおいても見られるが、ここでは近代思想を特徴づける人間中心主義を考えている。

て認識する「外の世界」にもっぱら心を向ける生き方である。その場合、人間は外界の物体的事物や現象を知覚し、認識する「主観」、そこからすべてのものを見る「点」となる。その意味では世界・万物の「中心」であるが、それ自身は存在ではなく、「点」に過ぎない。奇妙なことであるが、人間が自己中心的に物事を考える立場をとると自己は認識の外に置かれ、すべてを自己が使用し、所有するように見えて、自己は単なる「点」となり、その存在は消滅するのである。

これとは反対に人間は自己を否定して、自己を超えて進むべき存在であるとの見通しに立って、自己の中に入り、自己へと立ち帰る立場に立った場合には、右に述べた自己中心主義は消滅する。この場合には真の意味の自己認識が成立するのであるが、それは自己が自己をそこにおいて認識すべき「場」(25)を発見することであり、そのことによって自己が万物の中心であるという幻想は消滅し、同時に自己は単なる「点」ではなくなり、ある意味では(認識することを通じて存在するもののすべてと合一することによって)「全体」となるのである。

自己認識については後に詳しく述べることになるので、ここでは次の事だけを指摘しておきたい。自己が自己を認識すると言う場合、認識する自己と認識される自己は同一であるから空虚な同語反復のように思われるかもしれないが、じつは自己認識は高度の知性的認識の条件が満たされて初めて成立するのであり、[26] それが右に触れた「自己が自己をそこにおいて認識すべき場を発見する」ということである。これは精神的・知性的な交わりの場であり、ブーバーの言う「我と汝」の対話の場である。[27] このような自己認識は知識ではなく知恵に属するものであり、そして知恵の発見にともなって人間の生を根本的に旅路として現実に理解する道が開かれる、と言えるであろう。

人間の生が旅路であるとは、「旅人なる人間」(homo viator) は人間であることの完全な実現である幸福への到達をめざして旅する者だ、ということを意味する。そして知識がこの旅それ自体、つまり時として危険と困難が避けられない人間の営為を、できる限り有効かつ快適に遂行することに関わるのに対して、知恵は旅の目的地である人間の真実の幸福に関わる。ところで完全な幸福は旅路の終わりに、いわばオーケストラの「本番」演奏として実現されるが、それに先立って旅路の合間の憩いの時にいわばリハーサルとして予感

(25) 空間的な場ではなく、精神的存在が認識と愛をもって交わり、善きものを共有することによって成立する「場」である。

(26) われわれは「私」という一人称単数代名詞を意味のある仕方で発声し、使用することが出来る限り、最も単純・一般的な意味では自己認識を行うことができる。しかしそれは単に認識する自己の現存を、個別的に捉えているにとどまる、きわめて不完全な自己認識に過ぎない。そこから進んで、自己、すなわち精神的存在の本質を普遍的に認識することは大きな困難と労苦を伴う知的営為であり、形而上学的認識である。

(27) マルティン・ブーバー『我と汝』田口義弘訳、ブーバー著作集1、みすず書房、一九六七年。

される。そしてそのいずれにおいても幸福の本質は人間の最高の能力による最高の働きとしての観想である、というのが知恵の教えるところである。

ここで読者に注意していただきたいのは、いま「旅路の合間の憩い」と言ったのは労働と対比される閑暇にあたるが、私はアリストテレスに従って「われわれは閑暇をめあてに働く」というのが人間の生における閑暇と労働の関係についての正しい見解であると考える、ということである。閑暇は決して次の労働に備えての休息にとどまるものではなく、人間が必要に迫られて、また生活をより安定した快適なものとするために従事する労働から解放されて、真実に人間にふさわしい「生」を生きる、ということが閑暇――ギリシア語では（*σχολή* すなわち school〔学校〕の原語）――の本質なのである。

閑暇に最もふさわしいのは右に幸福の本質として言及した観想であるが、ここで観想についての詳しい説明には立ち入らない[28]。しかし、閑暇が労働に明け暮れることの多い人間の「旅路の合間の憩い」であり、そしてそれが「完全な幸福」の「予感」であると述べたことが当たっているとすれば、閑暇に最もふさわしいのは観想――たとえそれがしばしば星空を眺め、一輪のバラの花を愛でることであったとしても――である、という考え方もさほど奇妙で驚くべきものではないであろう[29]。

3. なぜ知恵が知識よりも上なのか？

知恵、知恵の探求（哲学）についてはこの後もいろいろな観点から触れる——そもそも「神とは何か」という問いが知恵の探求における中心的な問いなのであるから——ことになるが、ここではアリストテレスが『形而上学』の冒頭で万人に共通の見解として「知恵と名づけられるものは第一の原因や原理を対象とするものである」と述べていることに関して一、二コメントしておきたい。

まず「第一の」というのは諸々の原因・結果の系列の第一・最初のものというありきたりの意味ではない。むしろ「第一の」とはそれ以外のすべての原因が持っている特殊的で限定された（原因としての）力や完全性を最高の「一」なる単純性において有する全的な原因[30]（causa universalis）であることを意味する。このような「全的存在」（ens universale）とし

（28）閑暇の本質、および幸福と観想の結びつきについては次を参照。ヨゼフ・ピーパー『余暇と祝祭』稲垣良典訳、講談社学術文庫、一九八八年。

（29）この意味ではロバート・ブラウニング（Robert Browning, 1812-1889）の「時は春、日は朝、朝は七時、片岡に露みちて、揚雲雀なのりいで、蝸牛枝に這ひ、神、そらに知ろしめす、すべて世は事もなし」という詩（Pippa Passes）も観想を詩的に表現したものと言えよう。

（30）universalis は通常「普遍的」と訳されるが、諸々の限定された、特殊的存在（原因）の完全性をふくむ根源的に「一」なる存在（原因）という意味で「全的」と訳した。

て万物の第一原因・原理である、というのがギリシア哲学以来の伝統的な形而上学における基本的な「神」理解であり、知恵がその探求の最大課題とするもの、また探求の実りとして観想することを最高の悦びとするのはこのように理解された「神」にほかならない。

ところで科学的知識によって代表される「知識」から区別された「知恵」全般について言えることであるが、神に関わる認識は、感覚から始まり、感覚によって捉えられる事物に導かれて認識を進める人間知性にとってはきわめて困難であり、認識の道のりは多くの誤謬に満ちている。そして得られた認識も不確実で、わずかなものにとどまることが多い。このような現実を直視して「人間ならば神的な事柄へと無理して手を伸ばすべきではなく、人間の能力に相応する事柄の認識に努力を集中するのが分を弁(わきま)えた探求態度であり、賞賛すべき節度である」と判断し、決定を下すのが条理にかなっている、と考えるのが現代人の常識ではないだろうか。

しかし確実で有用な知識に対する知恵の根本的な優位を主張して「知恵の愛(フィロソフィア)」に生きる道を選んだ者にとっては、このような「現代人の常識」は「偽(いつわ)りの節度」であり、人間の真の幸福である「真理の観想」という知恵の働きの放棄にほかならなかった。たとえば、アリストテレスは「人間であるかぎり人間のことを、死すべきものであるかぎり死すべきもののことを想(おも)え」という戒(いまし)めは虚偽であって、われわれは「われわれに許されるかぎりにおいて不死なるものに近づき、われわれ自身のうちにあるもののうちで最高のものにしたがって生きるようあらゆる努力を尽くすべきである[31]」と言明している。

そして、その理由として「これは嵩(かさ)においては小さなものにすぎないとしても、力と尊さにおいては一切のものを遠く越えるからである[32]」と述べていることに特に注意したい。彼は別の著作でも「たとえ脆弱(ぜいじゃく)で蓋然的(がいぜんてき)な根拠に基づくものであっても天上的事物についてあることを認識しうるのは卓越したことである[33]」と言う。さらに「より高貴な事柄について何かわずかなことを認識する方が、取るに足らぬ事物について多くのことを認識するよりもよりたのしい[34]」とも述べている。要するに知恵を通じて神について取得されることの可能なわずかな認識の方が、他のすべての認識よりも優先される、というのである。

(31) Aristotelēs, *Ethica Nicomachea*, X, 7. 1177 b31-1178 a1.
(32) *Ibid.* 1178 a1-2.
(33) Aristotelēs, *De Caelo*, 201 b27.
(34) Aristotelēs, *De Partibus Animalium*, I, 644 b31.

4.「知ること」こそが完全なる所有

このような知恵の優位に関する見解は現代人には理解しがたく、納得に苦しむものであるに違いない。その理由の一つは前述のように人間の「生」を本質的に「旅路」と見るか（生物としてたどる）「過程」と見るか、という違いに基づくものであるが、ここでもう一つ「人間は自然本性的に知ることを欲する」と言われる場合の「知る」「認識する」という働きの形而上学的な深い意味が、近・現代の認識理論においては見失われてしまったことを重要な理由として指摘したい。

「知る」という働きにおいて知る者と知られるものとが合一して「一」になるという神秘にはすでに触れたが、ここではそのように「一」になることは、知る者にとって知られるものを自らの存在に付け加えること、自らの存在を豊かにすることであり、それはまさしく完全な意味での「所有」であることを強調したい。

「存在」と対置して語られる「所有」「持つ」という言葉は「持つ者」と「持たれるもの」がいかなる存在であるかに応じてさまざまの根本的に異なった意味に解される。私はかつて学生時代に出会ったことがきっかけで長年親しく教えを受けることになったヨゼフ・ピーパー教授（Josef Pieper, 1904-1997）から「東洋の物語り」として次のようなエピソードを伺っていたく感動した覚えがある。「ある富豪が言った。『これはわたしの庭だ』。それを聞いて庭師は微笑した」。優れた芸術作品である名園を真実に所有するとはどういうことか。財力で入手し、法律的な所有権があることか。それとも当の庭園に固有の美を十分に鑑賞し、深く味わいうることか。

ここで仮に人間が「生」の旅路の末に到達することを願望する完全な幸福を、人間の意志の全欲求をあますところなく満たしてくれる完全な善であるとしよう。この善そのもの、最高善を所有することが幸福ということになるが、その所有はいかにして実現されるのだろうか。渇きが冷たい一杯の水を飲むことによって癒やされるのはささやかながら「幸福」であるに違いないが、今の場合「飲む」ことにあたるのはどのようなことなのか。それは決して最高善を願望し、あるいは悦び・享受することではない。たしかに願望は「飲む」ことに先立って、そして悦びは「飲む」こと自体において必ず現存する。しかし「飲む」こと自体は（最高善）を認識し・知ることによって、最高善と「一」になることによって実現され、成就される。そしてこの「知る」ことはまさしく知恵の働きであることに思い到るとき、知恵が何ものにも優って重要であることはなんぴとにも明らかではないだろうか。

「知る」ことこそ完全な「所有」である。このことに関してもう一つ興味深いと思われる例を付け加えたい。おそらくキリスト信者でなくても新約聖書の中の次の箇所に強く印象づけられた人は多いのではないか。イエスは十字架の死の前夜、弟子たちにこの上なく親密で切実な別れの言葉を語ったが、その中に次の有名な一節がある。「永遠の命とは、唯一のまことの神であられるあなたと、あなたのお遣わしになったイエス・キリストを知ることです[35]」

ここで「永遠の命」と言われていることは「天国の祝宴」あるいは『黙示録』では「新しい天と地」「新しいエルサレム」として語られたりするが、それがどのようなものであるにしても「唯一のまことの神」を「知る」ことと同一視されていることにあらためて大きな驚きを感じない者がいるだろうか。「知る」ということはそんなにも力強いこと、完全な「所有」を意味することなのか。しかし知恵がじつは〈近代において大いに高く評価され、「力」と同一視されたり、人間を「自然の征服者・支配者」〈デカルト〉たらしめるものとして賛美された〉「知識」に優る「知」であると明確に主張した人々は、「知る」ことこそ完全な「所有」を意味すること、そして人間は「知恵」によって最高の善を所有することを知っていたのである。

5. 知識偏重の害

知識に対する知恵の優位を強調した本章の終わりに、すでに述べたことの繰り返し、無用な蛇足に終わることを覚悟の上で補足的に一、二のことを述べたい。第一に、私は決して知識が必要不可欠で重要であることを否定もせず、軽視しているのでもない。そうではなく、人間の「知」の営為において知識が全体であるかのように考えることの誤りを指摘して、知識との関係における知恵の優位を強調したかったのである。また知識を獲得するための労苦と努力を無視して悦びと憩いを伴う知恵を讃美しているのでもない。ただ労苦と努力はそれ自体で人間の営為を価値あるものたらしめるのではないことは指摘したいと考えた。労苦と努力は価値あるものを所有するためには必要とされるが、労苦し・努力する人間の行為を真に価値あるものたらしめるのは、あくまでも行為の対象の善だからである。

また言葉に過度に拘泥(こだわ)るようであるが、人間の知的な営為に関して「好奇心」および「真理の探求」という表現を使用することに関しても注意を促(うなが)したい。「好奇心」(curiosity)は本来「覗(のぞ)き見趣味」を意味する言葉であり、決して他人(とりわけ若者)に持つべきと勧めてよいものではない。これに反対して、「好奇心」はすでに知的な探求心を意味する言葉に変わっているのだと言い張る人がいるなら、そのような言葉の乱れが社会

(35)『ヨハネ福音書』17・3。

の秩序を乱すのであるからまず言葉を正すところから事を始めるべきではないか、と答えよう。

次に「真理の探求」という表現は、「探求」の意味が「熱望」「憧憬」であれば問題ないが、人間が自らの力でもぎ取って、独占する、といった意味で用いられる場合には、知的探求そのものを歪める危険性がある。現にわが国の大学は「真理探求」の旗印を掲げながら真理への裏切りとも言うべき相対主義に屈伏して、ひたすら産業界に「労働人」を送り込むことに専念しているように見える。安易に「真理の探求」を口にする前に、極端な例を持ち出すようであるが、かつて全体主義の独裁政権の下で「人間は真理なくしては生きられない」との深い自覚からあえて無謀とも言うべき抵抗運動を始めた東欧諸国の人々の思いを想起すべきではないだろうか。「真理はあなたがたを自由にするであろう[36]」というかつてイエス・キリストがユダヤ人たちに語った言葉の重さを今こそ感じとるべきだ、という私の思いは妄想に過ぎないのであろうか。

(36)『ヨハネ福音書』8・32。

第四章　自己から神へ

Ⅰ「経験」から「神」へ――私の哲学的遍歴

1. 私自身の「問い」として

この書物の出発点で「神とは何か」という問いは「形而上学」という、今日ではあまり世間の注目を呼ぶことのない学問ないし知的探求に属することを確認した上で、第一章「なぜ形而上学か」、第二章「無神論とどう向き合うか」、第三章「知識と知恵」という順序で「神とは何か」という問いをめぐって読者の心に浮かぶであろうと思われる疑問に私なりに答えようと試みた。この問いは幼児の口から発せられてもおかしくない単純で無邪気な問いでもありうるが、神について考え、探求するなどまったく空虚で無意味だと嘯(うそぶ)く人間の口をついて出る捨て台詞(ぜりふ)でもありえよう。

私としてはあえて愚直にこの問いを、「人間とは何か」と根元的に、そして徹底した仕方で問う者にとってはどうしても避けられぬ問いとして理解している。人間が自らの中(うち)へ立ち帰り、自己を真実に認識しうるかぎり、人間が究極の目的、完全な善への到達(幸福)を目指して生きる者(旅人なる人間)であることを確実に認識するはずであり、「神とは何か」という問いは、この認識と共に必ず心に浮かぶ問いだからである。

つまり「人間誰しも幸福であることを願い求めぬ者はない」と言われるように、人間はすべて自然本性的に幸福という完全な善、すなわち人間の意志の欲求を余すところなく満たしてくれる完全な善、善そのものである最高善の所有を熱望している。そしてこの完全な善・最高善とは、人間が「あなたのうちに憩うまで安らぎを得ることができない[37]」と呼びかける神にほかならないのであるから、「旅人なる人間」として自己を認識するに到った者は必ず人間の究極目的としての神に大きな知的関心を向け、「神とは何か」と問うに違いないのである。

ここまで、「神とは何か」という問いは、われわれの現実生活から遠くかけ離れた事柄についての問いではなく、われわれ人間自身の「生」そのものに関わる身近な問いであることを確証しようと試みてきたのであるが、その当否は読者の判断に委ねて、この後は私自身の問いとして「神とは何か」と問わなければならない。ところで私の場合、「神とは何か」という問いに正面から向き合うことになったのは、一九七二年から二〇年間、経験ないし経験主義の問題を中心に近・現代の哲学を、九州大学文学部・哲学第一講座の教授

（37）Augustinus, *Confessiones*, I.1.1. すべての人間が事実上、このように神に呼びかける、と言うつもりはない。しかし、なんぴとであれ何らかの機会に自らの人間本性に立ち帰る経験をしたならば、この呼びかけをするに違いない、と言いたい。

として、集中的に研究したことの帰結としてであった。私は夢にも「私の」と呼べるような哲学体系を構築したと自負したことはない。他方、近・現代哲学における「経験」概念と、（「自己」や「神」を考察の主要対象とする形而上学は無意味で空虚と主張する）「経験主義」の研究を通じて「問題としての神」[38]に到達した事情は「私の」哲学的遍歴であり、借り物ではないと断言できる。『経験』（主義）から（問題としての）『神』へ」というこの節の表題はそのことを意味するものである。

2. 「問い」としての「経験」

はっきりしておく必要があるのは、私にとって経験と経験主義の研究が神の問題に行きついたのはまったく予期しなかったことで、私はただこの研究主題（テーマ）を私の能力が及ぶ限り正確に、そしてつねに第一次資料に即して包括的に追求してゆくことを心掛けたのみであった。ではなぜちょうど二〇年の期間で行われたこの講義が最後の段階で神を研究の対象とするようになったのか。それは人間的経験が自らの成立根拠に立ち帰り、そのことを通じて次第に「経験」として自己をより完全に浮かび上がらせる（それは「経験」の意味が次第により明確に認識されるということであるが）過程に対応して経験の持つ重味というか実在性が増し、その重みで神が研究の対象となるような方向へと講義が流れて行った、としか私には言いようがない。

いずれにせよ、私が講義「哲学概論」の主題(テーマ)として「経験ないし経験主義」を選んだのは経験という概念は古代や中世の哲学にも見出され、経験をとくに重んじたという意味で「経験主義」として特徴づけるのが適当な哲学的立場も確かに存在した、しかし哲学的探求ないし哲学的考察において、感覚的知覚を通じての事物との直接的接触という意味での「経験」が近・現代哲学におけるほどに中心的で決定的な重要性を認められたことはなかった、まさしくその意味で「経験」は近・現代哲学を明確に特徴づける概念である、と考えたからであった。

ではどうして「哲学概論」の講義の主題に近・現代哲学の決定的特徴とも言える概念を選ぶことにこだわったかといえば、日本の古い国立大学の哲学第一講座（いわゆる「純哲」）教授が行う「哲学概論」は教授自身の「哲学」の解説という慣習があるが、私には「私の哲学」と呼べるものはなかったのでせめて現代の哲学と言われているものの根本的特徴を聴講者に正確に伝えようと考えたのであった。

「経験」概念ないし経験を重視する「経験主義」が近・現代哲学を決定的に特徴づける

（38）「神」をとくに「問題」とすることの意味については次を参照。稲垣良典『問題としての神』創文社、二〇〇二年。

徴表であるとする私の見解に対しては、いわゆる「英国経験主義」と並んでデカルト、スピノザ、ライプニッツと続く「大陸合理主義」の流れが近代哲学の主流として存在した、という周知の「定説」を挙げて反対する論者が多いであろう。しかしこの哲学史的見解は古代から中世を経て近世に到る哲学的探求の顕著な特徴を（おそらくは中世に関する偏見と無知とが禍いして）見損なったものであって、私としては近・現代哲学を古代・中世の哲学から決定的に区別するのはその根元的な「人間中心主義」であり、それが哲学においては（人間の、そして個人の）経験の重視として最も顕著に現れた、と考えている。

3. プラグマティズム＝「根元的経験主義」

私が意図したのは近・現代の「経験」概念や「経験主義」の歴史的研究ではなかったので、古典的経験主義とされる英国経験主義から始めて現代の経験主義に到るのではなく、「プラグマティズム」の名で知られているが、正確には「根元的経験主義（Radical Empiricism）と呼ぶべきアメリカ哲学の検討から始めた。その理由はこの学派がロック、ヒューム流の経験主義の一面性ないし不徹底性の批判を通じて経験の意味を明確なものにしていることであるが、この講義の一〇年前、ハーバード大学で一年という短期間ではあったが、講義と個人的討論を通じて親しく教えを受けたW・O・クワイン教授が学期の終わりに熱っぽく自らの哲学の総括として説かれた「根元的経験主義」が明瞭に私の記憶に刻まれていたからであった。

私はクワイン教授の「根元的経験主義」を哲学的立場として十分に理解したとは言えないし、根元的経験主義の立場をより明瞭に理論化する試みとしての「自然化された認識論」[39]("Epistemology Naturalized", 1969)には、強い知的刺激は感じたが、根元的経験主義は、本来目指すべき目標からは逸(そ)れた理論的展開のように思われた。根元的経験主義が「根元的(ラディカル)」である所以(ゆえん)は、経験をその成立根拠・根元(radix)まで掘り下げて、「経験」の真実の、豊かな意味をつきとめた点にある、と私は考え、それは従来、経験とは相容れない、経験を超越する事柄に関わると考えられてきた形而上学が、じつは経験と連続的で、経験のより完全な自己実現であることを明確にしたことによると理解している。私がハーバードで、クワイン教授が説かれた根元的経験主義に強く印象づけられたのはそのためであった。

根元的経験主義の生みの親はジェームズ(William James, 1842-1910)であり[40]、それを体系的

(39) 一九六九年に発表されたこの論文は、認識活動を自然科学が研究する自然現象よりもより根本的な問題であるとする通説を否定して、認識論をその「母国」である自然科学の領域に帰すべきことを主張するものであり、わが国でもかなりの反響を呼び起こした。

に展開して、影響力の大きな哲学的立場としたのはデューイ（John Dewey, 1859-1952）であろう。しかしこの哲学的立場を文字通り「根元的」経験主義として理論的に確立したのはパース（Charles Sanders Peirce, 1839-1914）である。根元的経験主義の経験重視の哲学としての根元性・徹底性については、さきに古典的経験主義の「一面性・不徹底性」を批判した、と指摘したが、その点について少し補足しておこう。

ジェームズによると「経験」という言葉は普通、感覚的経験、つまり外部からの印刻づけの過程に限られており、経験する主体はまったく受動的あるいは受容的なものと解されている。これに対して、根元的経験主義において経験は印刻づけという受動的過程に限られるのでなく、むしろ経験する主体の能動的な働きかけ――それによって形成される「習慣」の概念が根元的経験主義にとっては根本的に重要な意味をもつ――が重要視される。これによって、「経験」はロック流の経験主義においては人間的認識の発端、ないし認識が真正であるか否かを判定する批判的機能のみに限られていたのが、人間的認識の全領域（科学的知識のみならず、形而上学的認識もふくめて）を統一的に理解し、説明することを可能にするような基礎的概念として確立されたのである。

根元的経験主義において経験主義と形而上学との連続性の確立が習慣の理論の大胆で独創的な適用を通じて達成されたのは、前述のようにパースによってであり、講義では詳しく論述したが、ここでは省略せざるをえない。[41] 現代の経験理論に関しては是非ともベルクソン（Henri Bergson, 1859-1941）、フッサール（Edmund Husserl, 1859-1938）、ホワイトヘッド（Alfred North Whitehead, 1861-1947）に触れたいと計画したが、ホワイトヘッドのみに限らざるをえなかった。この後、英国経験論を型通り解説し、経験主義者の枠には収まりきれないが人間的経験に関して精密に論じたカントについて述べ、最後にわが国ではあまり研究されていないが、中世から近代への認識理論の推移に関しては鋭い洞察と批判を提示したいわゆるスコットランド常識学派の「経験」概念にも触れて、私の講義はまとまりかけたかに思われた。

4. 神なき「経験」

ところが予想に反して、常識学派の創始者トマス・リード（Thomas Reid, 1710-1796）によるロック─ヒューム流の経験主義的認識理論の批判を子細（しさい）に検討するうちに、私は近・現代の経験主義が根元的経験主義の立場から批判されたような一面性・不徹底性に加え

（40）ジェームズは一九〇五─七年に発表した論文を一九一二年に *Essays in Radical Empiricism* として刊行している。
（41）参照。稲垣良典『習慣の哲学』創文社、一九八一年、とくに第四章。

て、当初から神が問題となりえない仕方で「経験」を理解していたことに気付いて大きな驚きを覚えた。この点の詳細な説明は一九九二年、私が九州大学教授任期を終えて、自らの「哲学概論」講義を総括した論文「経験と神[42]」、およびその一〇年後に出版した『問題としての神——経験・存在・神[43]』を参照していただきたい。

ここでは簡単に、「経験」とは人間的認識の出発点としての外的世界からの印刻づけ・触発、および認識が真正なものであることを確定する批判的機能のみにとどまるのではなく、経験として成熟し達成されるものであり、自らを限りなく超越することによって完成されるという構造を持つことを再度強調しておく。「経験」の本質をこのように捉えるとき、経験はすべての存在するものを限りなく超越すると共に、すべての存在するもののうちに最も親密に内在する、第一の根源としての神を排除するのではなく、むしろ経験の究極の成立根拠として必然的に要請するという見通しが開かれるであろう。

いま一つ付け加えなければならない重要な点は、神が問題となりえないような仕方で「経験」を捉え、そのような「経験」概念に基づいて認識理論を構築する試みはロックやヒュームに数百年先立って一四世紀にウイリアム・オッカムによってなされていたのであって、私の「経験主義と経験」に関する講義の最後の数年はもっぱらオッカム——およびいくつかの重要な点でその先行者としての役割を果たしたヨハネス・ドゥンス・スコトゥス（Johannes Duns Scotus, 1265?-1308?）――によって遂行された認識理論の画期的な革新、およびその背景ないし根底としての形而上学的霊魂論の崩壊の解説に費やされた。

オッカムは「オッカムの剃刀」の名で知られる「存在は必要もなく増やしてはならない」という節約の原則を発明もしなかったし、使用もしていないことは確実であるが[44]、彼の哲学的立場の宣言とも言うべき「理性と経験に従う者」（sequens rationem cum experientia）、つまり理性もしくは経験によって明証的に知りうることのみを認識として認めるという原則は確かに明晰で有効な「節約の原則」であった。そして彼はこの原則に基づいて形而上学的な霊魂論を完全に崩壊させ、その論理的帰結として、そのような霊魂の形而上学によって根拠づけられていた知性的認識を成立させる形而上学的な抽象理論を否定して、人間的認識はすべて外界の事物との直接的接触による直観的認識（notitia intuitiva）をもって始まる、という（近代の認識理論と直結する）新しい認識理論を確立したのであった[45]。

（42）K・リーゼンフーバー他編『中世における知と超越』創文社、一九九二年、所収。
（43）前掲註（38）を参照。
（44）拙稿「「オッカムの剃刀」――中世後期の精神的風土」『抽象と直観――中世後期認識理論の研究』創文社、一九九〇年。
（45）前掲註（44）の拙著、第一章を参照。

5. 形而上学的「霊魂論」の崩壊

リードによる英国経験主義の批判にもどると、批判の要点はこの経験主義はデカルトの物心二元論（これは現代でも物と心とを峻別する――つまりこの二つの存在領域を総合するより高次の「存在」理解が欠如した――世界観としてわれわれの考え方を支配している）の論理的帰結である「観念の道」（the way of ideas）を認識理論の大前提として受け容れたということである。

「観念の道」とは人間による認識の直接的対象は実在するものではなく、ものから刺激されて心ないし自己意識のうちに形成された「観念」（idea）である、との主張を指す。この「観念の道」に従うかぎり、人間的認識の全体――科学的知識も含めて――が人間の心、意識のうちに閉じこめられることになり、それはカントをして「われわれの外にある事物の現存在をたんに信仰に基づいて想定しなければならないこと、また誰かがその現存在を疑おうとする場合は、彼に対してなんら満足のいく証明を提出できないとすることは、やはり哲学や人間理性一般にとって常にスキャンダルであり続けるであろう[46]」と嘆息させたのであった。

カントが「観念の道」の必然的帰結を「哲学のスキャンダル」と呼ぶのは、われわれが日常生活や自然的信念としては露疑うことのない外的事物の現存在が疑惑に曝されたからであるが、神が「経験」の名によって人間的認識の境界から除去されたことも「観念の道」の、したがってまたデカルトの物心二元論の論理的帰結と見なすことができるであろう。[47] このように見てくると、「神とは何か」という問いが今日のわれわれにとってきわめて縁遠い、知的関心を呼び起こす可能性がはなはだ乏しい「観念」に関わる問いに転落した原因は、近代哲学の父と称されるデカルトの物心二元論という世界観、そしてそれの論理的帰結である「観念の道」に遡(さかのぼ)ることが見えてくる。[48] そしてこれら近代哲学を特徴づける世界観や認識理論は中世後期、とりわけオッカムの「剃刀」によって伝統的な形而上学、とりわけ形而上学的霊魂論が崩壊させられたことの帰結であった。

ここで誤解のないように、私が「神とは何か」という問いが知的関心を呼び起こさなくなった原因をつきとめようとしたのは、原因と見なすべき人物や学派を同定するためではなかったことを強調しておきたい。そうではなく、この問いは形而上学的な問いであること、そしてこの問いをめぐる知的関心の衰退はまさしく形而上学、とりわけ精神の形而上

(46) Immanuel Kant, *Kritik der reinen Vernunft*, B XXXIX の註。
(47) 「論理的帰結」という表現を用いたが、経験主義哲学者の「観念」とデカルトの「観念」は、言葉は同じでも、意味は違うことに注意する必要がある。
(48) ただし、これは「観念」という言葉に即した解釈であって、デカルトがこのような結果を意図したという意味ではない。

学ないし形而上学的霊魂論の崩壊が原因であったことを明確にするためであった[49]。この私の見解に対しては、確かに中世後期において信仰および神学の純粋性、あるいはむしろ正統性を確保するために、信仰と理性、神学と哲学とを切り離そうとする動きが強まり、この二者の総合を重んじた形而上学は崩壊したが、この二者の分離を前提とする形而上学は存続し、キリスト教社会の諸大学、とくにスペインのサラマンカ大学を筆頭とする諸大学で教えられ続けたではないか、と反論されるかもしれない[50]。

そこで次にこのような（形而上学は崩壊した、そのことにともなって「神とは何か」という問いも知的関心を呼び起こさなくなった、という私の見解に対する）反論を頭に置きながら、「神とは何か」という問いをわれわれの知的関心の領域から原則的に排除しないような精神的風土ないし知的雰囲気を生み出す形而上学の再生への道を探ることにしよう。

Ⅱ　形而上学は自己認識から始まる

1.　デカルトによる「神の疎外」

では、「神とは何か」という問いをわれわれの知的関心の領域から排除してしまう形而上学とはどのようなものであろうか。私はデカルトの形而上学は神の存在証明もふくめて神に関する考察を大いに重視したように見えながら、彼の物心二元論的な世界観のゆえに、われわれの知的探求はもっぱら物体の世界に向けられるようになり、その結果として神がわれわれの知的関心から遠ざけられてしまう結果を齎(もたら)したのではないか――おそらくは彼自身の哲学的意図に反して――と考えている。

ここで右のようなデカルト批判を根拠づけるための詳細な議論に立ち入ることはできないので、デカルト哲学を深く学んだ末に根本的なデカルト哲学批判を行ったパスカルの(「デカルトはその全哲学のなかで、できれば神なしにすませたいと思った」という理由からして)「私はデカルトを許すことができない[51]」という言葉を取り上げて簡単に私の見解を述べたい。

パスカルは、デカルトが「私は在る(スム)」という自己意識をあらゆる確実性の究極の源泉・根拠と見なした、ということは、この自己意識をあらゆる実在認識の根拠と見なすことによって人間をいわば創造主の地位に高めた、と考えたのではないか。つまり「在

(49) なぜなら精神の形而上学の崩壊は、「実在」としての神を対象とする知的探求を不可能にするからであり、人間が「実在」としての神に知的に近づき、触れることを不可能にするからである。言いかえると、「神」は「観念」と化してしまうのである。

(50) ここでこの反論に十分に答えることはできないが、いわゆる「近世スコラ学」を代表する神学者・哲学者・法学者であるフランシスコ・スアレス(Francisco Suárez, 1548-1617)の哲学的主著『形而上学討論集』(*Disputationes Metaphysicae*)について見る限り、オッカムの個体主義の影響は極めて大きい。参照。前掲拙著『抽象と直観』第一章、第一一章。

(51) Pascal, *Pensées*, 77.(ブランシュヴィック版)。

る」というあらゆる言葉のうちで最も基本的な言葉の持つ力を自己すなわち人間の手中に収めようとした、と解釈したのではないか。「在る」の力を人間が自らの手中に収めるとは、「在る」をいわば梃の支点として宇宙全体をも動かす力を手に入れることであり、それはすべての在るものに自分自身の本質である「在る」を分かち与える創造主、その創造主に固有の権能を人間が奪い取ることを意味する。パスカルはデカルト哲学の中核にこのような根元的な人間中心主義が潜んでいるのを見てとったがゆえに、右の激しいデカルト批判の言葉を発したのではなかったろうか。

　ところでデカルト自身、自分の哲学は全宇宙が運動を始めるための最初の一弾きのためにだけ神を必要としたのだ、というパスカルの批判をどう受け止めたであろうか。デカルトは「存在しうるために自ら以外のなにものも必要としない仕方で存在するもの」という実体の定義が妥当するのは神のみであると主張した。実際に彼は神を、われわれが思考しうるあらゆる実在性の「原因」たる者にふさわしい最高に実在的なる存在として理解している。

　さらにデカルトが「近代哲学の父」と呼ばれるのは懐疑主義の完璧な克服によって哲学の新しい出発点を確保したことによるものであるが、この懐疑主義の克服の理論的な完成のためには最高に実在的な、従って必然的に最高に完全な神の存在が必要不可欠であるとデカルト自身明言している。確かに「私は思考する（コギト）」の明証性は「私は在る（スム）」の確実性を懐疑主義のあらゆる攻撃に打ち克って保証するが、それは私の知覚する外界の事物が実在することを保証することはできない。そのことができるのはすべての事物が存在することの原因である最高に実在的な神、そして最高に完全であるがゆえに欺（あざむ）き偽ることの絶対にない神のみである、とデカルトは言う。そのように解釈すると、彼は自らの哲学の体系のなかで神の存在を明確に肯定し、最高に実在的である神にふさわしい位置を確保したように見えるかもしれない。

しかし伝統的な形而上学の洞察に照らして考察することによって、デカルトの物心二元論は、物と心という異なった存在の完全性の段階を適切に区別しつつ、統一的に把握する「存在」理解の欠如に由来することが判明する。デカルトは彼の物心二元論という誤った世界観のゆえに生じた難問に対応するために、自らの哲学体系の中に神の概念を導入した、つまり自らの哲学体系が必要とする限りで神の存在を肯定し、役割を付与しているに過ぎない、こう解釈した上でパスカルは激しくデカルトを批判したのであった。

確かにデカルトの神は、デカルトの思案の外に在って窮地から彼を救い出すために突然現れる「機械仕掛けの神」(Deus ex machina) ではない。デカルトの神は、デカルト自身が綿密に細部まで考案し、設計した世界で自分にふり当てられた役割を演じる神であり、まさしく「哲学者の神、知者の神」であると言うべきであろう。そしてその限りにおいてデカルトの「形而上学」は「神とは何か」という問いをわれわれの知的関心から排除するという結果を齎したのであった。なぜなら、デカルトの「神」は、近代の哲学者たちがデカルトに従って次々と体系化した理神論（deism）の「神」――例えば宇宙を精巧な時計に譬えた場合の時計職人としての「神」――がそうであるように、到底われわれが心の底から「神よ」と呼びかけることのできない貧弱な代用品だからである。[52]

2. オッカムの「罪」

デカルト哲学は物心二元論という世界観のゆえに、神なしでも十分に理解し、説明できる物体の世界にわれわれの知的関心を（科学的知識を限りなく進展させる仕方で）集中的に方向づけた結果として、「神とは何か」という問いをわれわれの知的関心から遠ざけることになった。これに対してもっと直接的に「神とは何か」という問いをわれわれの知的関心の領域から排除するような形而上学が近代思想に強い影響力を及ぼしていたのではないか、と私は考えている。[53] それはオッカムによって明確に確立された個体主義という形而上学的原則である。

ここでは誇張を含む仕方で中世哲学における主要論争問題とされた普遍と個体の問題[54]に

は立ち入らない。確かに中世初期に、新プラトン派哲学者ポルヒュリオス（Porphyrios, 234-305）が遺した疑問「類や種（つまり普遍）は実在するのか、それともただたんに知性のうちに措定されたものか」という普遍の実在をめぐる論争が戦わされた後に、中世哲学全般を通じて普遍はいかにして個体化されるのか、という（普遍）個体化の原理（principium individuationis）が論議された。しかし、中世後期になって「このもの性」（haecceitas）という究極の形而上学的な個体化の原理がスコトゥスによって提示されたのを受けて、オッカムは「精神の外なるいかなる事物も、それ自体において個別的である」[55]のだから、そもそも個体化の原理なるものを措定するのは意味がない、という主張をもって個体化の問題そのものを一挙に消去したのであった。実際にオッカムは右の主張に続けて「個体化については何らの原因も探求すべきではない[56]」（aliqua causa individuationis non est quaerenda）と言い切

(52) ここでデカルト哲学について述べたことはもっぱらパスカルによるデカルト批判に関するコメントであり、そのためデカルトの著作への引照は省略した。

(53) 私は「神」がわれわれの知的関心から遠ざけられたのは「自己」認識への道が個体主義的形而上学によって閉ざされたことに主な原因があると考えている。つまり個体主義的形而上学は、人間の「個体化」は他の（生物もふくめて）物体の「個体化」とは全く区別されて、神による人間の霊魂の直接的創造によるという超自然真理を無視したため、まさしく「個」としての人間を認識するという自己認識の独自性が見失われ、形而上学的な自己認識への道が閉ざされることになったのである。

(54) この問題に関して山内志朗氏による独創的な研究を参照。『普遍論争』平凡社ライブラリー、二〇〇八年。

(55) Guillelmus de Ockham, *In Librum Primum Sententiarum Ordinatio*, d. 2, Q. 6, *Opera Theologica*, II. p. 197.

っている。

このように、後に近世思想全般に大きな影響を与えることになる「実在するものはすべて個体である」という形而上学的原則を確立したのはオッカムであるが、それを形而上学的学説として体系化したのは、一六～一七世紀スペインの神学者・哲学者・法学者フランシスコ・スアレスであった。スアレスのほぼ五〇年後に生まれたデカルトは一〇歳で入学したラ・フレーシュのイエズス会経営の学院で一〇年近くスコラ学の教育を受けているが、彼がそこで学んだ哲学はイエズス会のメンバーで、サラマンカ、コインブラ大学で教え、神学、哲学の最高の権威として名声を博していたスアレスの流れを汲むものであったに違いない。スアレスはトマス・アクィナスを深く学んだとされ、註釈書も著作しているが、哲学的立場は基本的にオッカム的であり、従ってデカルトが学んだスコラ哲学はオッカム的スコラ学だったと考えられる[57]。

スアレスの形而上学的な個体主義については詳しく述べる必要はない。それは「実在するものはすべて個体である」というオッカムの立場をそのまま理論化したものであり、すべての現実に存在するものはそれ自身において、あるいは自らの存在性（entitas）によって個体的である、ということに尽きる[58]。

そして形而上学的な個体主義が「神とは何か」という問いをわれわれの知的関心から直

接に遠ざける、と私が考える理由は、神も、人間精神（自己）も、外界の物体も、すべて現実に存在する限り「個」であるとすることによって、外界の物体の「存在」に親しみ、それを基準に「存在」というものを考えがちなわれわれが神の「存在」について適切で正しい仕方で考え、探求する道を閉ざすからである。なぜなら神、天使、および人間霊魂など、精神的存在も、個体である限り外界の物体と同じ仕方で存在すると考えることは致命的な誤謬だからである。

さらに「すべて現実に存在するものはそれ自体として個体である」という個体主義が自明の理として受け容れられる場合、個々の人間も諸々の物体と同じ意味で個体（個人）であるから、前述のように、人間の個体化は、諸々の物体の場合のように質料（マテリア）によるものではなく、神による人間の霊魂の直接的創造によるという、人間存在の神との直接的結びつきが無視されることも理由の一つとして挙げることができる。

ここでデカルトからスアレス、オッカムへとかなり寄り道したついでに、デカルトの物

（56）*Ibid.*
（57）デカルト哲学にスコラ哲学的遺産が含まれていることは今日では周知の事実であるが、それがオッカムの決定的な影響下にあったスコラ哲学であったことはあまり知られていないようである。
（58）Francisco Suarez, *Disputationes Metaphysicae*, Disputatio V.

心二元論は彼がラ・フレーシュ学院で学んだスアレスを介して、オッカムにおける「もの」（res）と「記号」（signum）との根元的分離の立場ときわめて類似していることを指摘したい。私はオッカム哲学の存在論的な根本的前提はこの二者の根元的な分離であると考えており、彼の個体主義（いわゆる唯名論的立場）もこの分離に基づいて成立している。[59]

オッカムの場合、「もの」とは感覚によって捉えられる物体的事物の領域であり、「記号」とは精神とその諸々の活動の領域を指す。この二者の「区別」（distinctio）はアウグスティヌスに遡るものであり、中世哲学の歴史のなかでさまざまに解釈されてきた。その「区別」がオッカムにおいて「分離」に変わり、そのままデカルトに受け継がれたとすれば、中世思想から近代思想への推移ないしは変容においてオッカムが果たした役割はこれまであまりに無視されてきたと言うべきではなかろうか。

3. デカルト的「コギト」の限界

「形而上学は自己認識から始まる」という言葉は読者にどのように受け止められたであろうか。さきにカントにとって形而上学は現実には混迷と矛盾に満ちた果てしない争いの戦場であって、それは人間理性が自らにとって不可避ではあるが解答不可能な諸問題の解決に不用意かつ独断的に取り組んだからであり、自分はまず人間理性の正当な（認識）要求と不当要求を判定する法廷の設定、つまり自己認識という困難な仕事に取り組む、と『純粋理性批判』の著作意図について述べていることを紹介した。[60] このように、カントの場合、自己認識は形而上学そのものではなく、形而上学の予備学として位置づけられている。と言うよりカントにとって「自己認識」とは人間理性が自らの限界を知り、理性の越権を斥けることを意味していたのであった。これにたいして私は自己認識は形而上学の対象である「在るものである限りにおいての在るもの」(ens inquantum est ens)が最初にそこにおいて実在として捉えられる場であり、その意味で形而上学そのものに属すると考えている。

「形而上学は自己認識から始まる」という命題は、右で述べたことの繰り返しになるが、形而上学の対象である「在るものである限りでの在るもの」が実在として最初に人間理性によって捉えられるのは自己認識においてである、ということを意味する。これは哲学を「我思う」から始めたデカルト的立場と類似しているように見えるかもしれないが、私はまったく違うと考える。

ちなみにデカルト的「コギト」がいかなる意味での自己認識をも生み出しえないことを

(59) 参照。『抽象と直観』第一〇章「「もの」と「記号」——オッカムの個体主義についての一考察」
(60) 序論「『神とは何か』という問いをめぐって」5.を参照。

強力に論じたのはカントである。彼によると「我思う(コギト)、ゆえに(エルゴー)、我在り(スム)」がわれわれに与えるのは自己意識にすぎず、自己認識ではない。「我思う(コギト)」によって「存在する自己」が直観的に認識されるというデカルトの主張は、論理的には単なる誤謬推理にすぎない。つまり大前提においては思考一般の論理的解明の概念であった「我(われ)」を、小前提では客観・対象を形而上学的に規定する概念としての「我(われ)」と見做(みな)す媒概念多義性の虚偽が犯されている――わかりやすく言えば「我思う(コギト)」においては、単なる文法上の主語であった「我(われ)」が、「我在り(スム)」では実在する「我（主体）」に変わっている、と言うのである。

私はカントのこの批判について、デカルト的コギトが（それが形而上学的自己認識を目指したものであったと仮定して）自己認識に到達していない点に関しては妥当であると思うが、そのことからして理性的心理学・形而上学的霊魂論の全体を学問の領域から追放すべきことを主張したのは誤りであったと言わざるをえない。それはデカルト以前の自己および自己認識に関する長い形而上学的探求の歴史があたかも空白であるかのように無視することだからである。むしろデカルトが「思う(コギターレ)」という知的な働きを根元的に――つまり思考する「我」（自己）まで――振り返ることを通じて、自己すなわち人間精神という知的実体の本性・本質を認識しようと試みたのであれば、デカルト的「コギト」は自己認識の方法として適切であったと言えよう。

ただし「我思う(コギト)」によって確証される「我在り(スム)」は、「思考する我」に対して当の「思考する我」が現存するという特定の経験を齎すのみであって、思考する「我(われ)」（自己・精神）の認識を与えてくれるのではない。「我在り(スム)」は「思考する我」の現存経験ではあっても、「我(われ)」が何であるかの認識ではなく、「我(われ)」が「在るもの」、すなわち形而上学の対象として認識されるのでもない。したがって「デカルト的コギト」を形而上学的観点から適切に批判するためには、カントのように「コギト」によって到達されたのは「自己意識であって、自己認識ではない」という断定をもって切り捨てるのではなく、自己認識としては不十分な段階にとどまることを詳細に指摘すべきであった。

じつを言うと、知的認識は感覚的認識とは違って、認識する知性は「認識する」働き、そしてさらに能力を振り返るのみならず、認識する主体（人間精神）それ自身までへも完全に還帰するのであって、その意味では人間精神は何らかの事物についてその「何であるか」つまり普遍的本性・本質を認識するごとに「自己認識」（もちろんきわめて限定された、不完全な自己認識であるが）を行っているのである。それは「自己」の認識と言うよりは自己の現存経験と言う方が当たっているかもしれない。普通われわれは、自己といえば私が「私」という一人称・単数代名詞で指示できる「ここに・今」存在する一個の人間であるように考えている。[61]

しかし真実を言えば「私」という代名詞は二人称、三人称代名詞とは違って何者も「ここに・今」という仕方で指示できないし、そもそも精神的存在である「私」(自己)は「どこに在るのか」と場所的に問える存在ではない。では私は「私・自己」について何も知らず、知ることもできないか、と言えば決してそうではない。誰でも「汝自身を知れ」「己れの如く隣人を愛しなさい」という戒(いまし)めを理解するし、わかりきったこととして「自己に打ち克つ」「自己を犠牲にする」という言葉を用いる。そこでは「一」であるはずの自己が区別されてあたかも二つであるかのように語られているが、われわれは自己が分裂したと思わないし、二重になったと驚き歎くこともない。ということは、われわれは精神的存在としての自己は「関係」ないし「交わり」とも呼ぶべき存在であることを、漠然と認識している、ということではないか[62]。

確かにわれわれは知的認識を行うごとに徹底した自己還帰という仕方で、自己の現存を経験するという意味での漠然とした自己認識を行っているし、精神的存在としての私・自己が一種の関係ないし交わりと呼ぶべき存在であることも認識していると言える。しかし、ここから出発して、それこそ精妙で熱心な探求を重ねることによってはじめて到達しうる形而上学的認識としての自己認識にたどり着くのは、きわめて困難であると言わざるをえない。そして、このような人間精神の自己認識がそのまま形而上学の出発点である、知性による「在るものである限りでの在るもの」の認識に他ならない。

そうであってみれば、人間理性（知性）が最初に、最もよく知られるものとして認識するといわれる「在るもの（エンス）」は、ある意味ではわれわれが「在る」という言葉を使い始めるときに、漠然と認識されるかもしれないが、形而上学的対象としては（自己認識の場合と同様）「精妙で熱心な探求」を重ねることによってのみ認識されうると言わざるをえない。

誤解のないように附言しておくと、私は決して「在るもの」の認識の困難なことを強調することを意図しているのではない。むしろこの認識が実証的な科学的研究によって解決されるような「問題」に関わっているのではなく、アリストテレスが言うように[63]「驚異」（θαυμάζειν）によって呼び起こされた知恵の探求の対象である「神秘」に関わっていることを強調したかったのである。このような神秘の探求は、人間の地上の生において有用であるとか欲望を満たしてくれるものではないが、この探求がそのまま真理を観想する

（61）この問題に関して、G. E. M. Anscombe, "The First Person", *Collected Philosophical Papers*, Vol. II, University of Minnesota Press, 1981 を参照。
（62）キエルケゴール（Sören Kierkegaard, 1813-1855）『死にいたる病』冒頭の「人間は精神である。精神とは何か。精神とは自己である。自己とは何であるか。自己とは自己自身にかかわる一つの関係である」という言葉は、じつは人間精神の自己認識の正確で簡潔な記述と言えるのではないか。
（63）Aristotelēs, *Metaphysica*, 982 b 12, 983 a 13.

喜びであり、驚異が讃美に変わるような探求であるとは言える。ということは、形而上学という存在の神秘の探求は、労苦に満ちた人間の地上の生における真の「閑暇（スコレー）」であり、憩（いこ）いである、ということではないだろうか。

4. 人間の人格は対話的存在

形而上学の対象である「在るものである限りでの在るもの」の認識は、人間精神の自己認識において確保されるということは、人間精神という実在が、そのまま「在るものである限りでの在るもの」という形而上学の対象となりうる条件を備えていることを意味する[64]。そのことは、自己認識というものは、人間精神（知的実体）が自らの（認識する）働き、さらに（認識の働きを為す）能力のみならず、自らの本性・本質まで完全に立ち帰ることによって達成されるということが、それ自体で示すところである。

つまりこの完全な自己還帰という自己認識の在り方が、そのまま、人間精神という実在は「自分自身において在る」(in se ipso est)という完全な在り方をする（感覚によって捉えられる諸々の物体的事物と較べてはるかに）高次の存在であることを示すのである。ただ単に不可分な個であるという意味で「在る」のではなく、精神は「自分自身において在る」ということは、当の存在が関係ないし交わりを含みつつ「一」であることを示している。このような「自己」の二重性については先に触れたが、ここで改めてそれは物体的事物よりははるかに高次の「一」性であることを指摘したい[65]。

さきに私は近代思想の根本的前提とも言える個体主義について批判的な見解を述べたが、その理由の一つはここで指摘した、自己ないし人間精神という存在は関係・交わりを含む「一」性によって「一」なる存在だ、ということである。各々の人間精神あるいは人格(ペルソナ)は単に不可分で、他とは共有不可能という意味での「一」性あるいは「個体性」において存在しているのではない。むしろ人間精神あるいは人格は、それ自体が関係的・交わり的であり、対話的存在である[66]。そして人格がこのような自らの関係的・交わり的存在の豊かさを他の人格と共有することを本性的に望むことが人間の社会性であり、人間的社会・共同体は決して社会契約のような人為的制度に基づくものではなく、人間の自然的本

(64) 形而上学の対象は、知的認識を妨げる質料(materia)を形相から切り離すことによって確保されるが、自己認識においては、認識される人間精神は現実には質料たる身体と結びついているが、質料から切り離されて認識されるので、「形而上学の対象となりうる……」と述べたのである。

(65) ここで述べたことは「存在」に高次の在り方と低次の在り方があることを認めない現代の思想的風土のなかでは理解し難いにちがいない。しかし、形而上学はこのような「存在」の在り方の区別を認めるところから出発するのであるから、あえて論及した。

(66) 「精神的存在・人格」としての人間は根元的に対話的存在であり、対話の相手である「汝」は他の人格あるいは自己自身である前に「神」という「他者」「汝」(Du)である、というのが「対話的存在」の哲学の核心である、と私は考えている。

性である社会性に基づく、と理解すべきであろう。

Ⅲ　自己認識から「神」の探求へ

1.　認識する「自己」は必ず「神」探求へと向かわざるをえない

形而上学の出発点である自己認識において捉えられる自己は、感覚的に知覚され、観察される人間ではなく、知的な認識能力を有する人間精神が自分自身の本質まで立ち帰ることによって認識する精神的存在である。そして精神的存在は、物体が空間・時間的に限定された場において、「ここに・今」在るという仕方で知覚される、つまりそうした知覚に還元されるような存在ではなく、前述のように、自分自身において在る（「自存する（スブシステレ）」）という高次の仕方で存在する。そして自己認識がこのようなものである限り、自己認識は自存する存在としての自己の根拠を尋ね求めて「神」の探求へと必然的に向かわざるをえないのである。

その第一の理由は、自己が「自分自身において在る」ということは、精神的存在としての自己は「ある意味で存在するもののすべてである」[67]ことを意味する、ということである。それは人間精神が無限・永遠なるものに開かれている――決して無限「である」のではない――ことを意味するのではないか。

人間精神と永遠なるもの、に考えが及ぶとき私は必ずと言っていいくらい九鬼周造の言葉を思い出す。九鬼は日本人の心情の特徴として、例えば桜花の散り際のいさぎよさを挙げて、ものはみな儚く、終わりあることを知り、そのことを愛でる心があることをしきりに評価して、「永遠のいのち」については否定的な考えを表明する。しかし最後にわれわれは永遠なるものへの憧れを斥けることはできないと明言し、真に価値あるものは永遠のいのちを持つことを強調していた。

これは矛盾と言うべきであろうか。私はそうは思わない。散る花は美しい、ものにはみな終わりがある、と言う九鬼は分別を弁え、洗練された趣味と優れた美的感覚を持つ九鬼であり、永遠なるものに真の価値を認める九鬼は華々しい学者・著述家としての活動の根底に求道の志を持ち続けた九鬼であった、と言えるのではないか[68]。このように人間精神が無限・永遠なるものへの憧れ、あるいは受容能力を有するということは、人間知性は無限

（67）Aristoteles, *De Anima*, Ⅲ, 431 b20.

（68）私は旧制高校時代に九鬼の文学的作品に親しむようになって以来、九鬼の哲学思想には特別の関心を持ち続けてきたが、研究と呼ぶに値する仕事は皆無である。したがってここで述べたのは感想に過ぎないが、日本的霊性の表現者としての九鬼の紹介として読んでいただきたい。

なるものにまで開かれたちからを有するということであり、それは人間の知的探求が「神」の探求へ向かうべきことを示している、と言えるであろう。

さらに人間精神の「自己」認識は必ず「旅人なる人間」の認識に到達するはずであり、旅の目的地、人間の究極目的についての考察は前述のように完全な善あるいは最高善としての神にたどり着くに違いない。今日われわれの間で基本的人権としての幸福追求の権利は声高に叫ばれつつも、人間の人間としての究極目的としての幸福をめぐる研究や議論があまりに乏しいのは、科学的な人間研究は自然科学と人文・社会科学の両方で活発に行われつつも、人間存在というものの「自己」認識は一向に知的関心の対象にならないことによるものと考えざるをえない。

2. 神探求の「必然性」

次に「存在」認識の側面から見た場合、人間精神（知的霊魂）という「在るもの(エンス)」について第一に言えることは、それは確かに「自らにおいて在るもの」つまり「自存するもの」(subsistens) であり、「精神的（霊的）存在」(ens spirituale) であるが、諸々の精神的存在の間にあって最下位を占める、ということである。これはデカルト的物心二元論の世界観の影響下にある者にとっては不可解な見解であるかもしれないが、人間精神を形而上学的に見ることを学んだ者にとっては容易に理解できることに属する。人間精神はその知的な認識能力によって事物の本性・本質を、「ここで・今」という場所的・時間的な限定なしに超時間的・普遍的に認識できる。

しかし知的実体のみが為しうる知的認識を遂行するためには知的直観という仕方で一挙にではなく、何らかの準備段階に続く判断、さらに推理といった過程をふまねばならず、その上、何よりも感覚的認識によって認識の素材（マテリア）を確保することが必要不可欠であり、そのために人間精神（霊魂）は身体と複合せざるをえない――つまり純粋な精神的・知的実体ではありえない――というハンディキャップを負わされている。ここからして、形而上学的自己認識に基づいて探求を進める者にとっては、認識活動と認識主体、認識対象と認識主体とが完全に同一であるような、最も完全な精神的・知的存在である神を頂点とする、諸々の知的実体の系列の最底に位置する人間精神というイメージが容易かつ自然に浮かぶ。このように見てくるとき、形而上学的な自己認識の深化が必然的に「神」の探求へ向かうべきことは容易に理解されるのではないだろうか。

形而上学は「形而上」の事柄、すなわち感覚によって捉えられるすべての物体的・可変的な事物を超える高次の存在を対象とするところからそのように呼ばれてきた。これら高次の存在は物体的・可変的な事物が「それから」構成される素材（マテリア）（質料（マテリア））を超えて不滅であるがゆえに「神的」と呼ばれる諸実体を対象とするとの理由で、「神的な学・神学（テオロギア）」と古代ギリシア哲学以来呼ばれてきた。確かに形而上学の対象である「在るものである限りでの在るもの」は、それを可変的ならしめ、時間・空間的に限定する原理としての質料（マテリア）から「切り離され」ている。ここで「切り離し」「分離」と言って、（質料からの）抽象と言わなかったことは、学としての形而上学についての極めて重要な点であるが、その問題には立ち入らない。[69]

むしろここでは形而上学における「存在」認識と「神」の探求との必然的な結びつきを、あらためて形而上学は知恵の探求であるという観点から確認したい。知恵の探求は何よりも「汝自身を知れ」という戒めの実践であるがゆえに、自己の究極の関心がそこに向かう幸福、すなわち完全な善としての「神」の探求に向かわざるをえないことは明らかであろう。それだけでなく、知恵とはすべての在るものを、何か近接的で特殊な原因に基づいてではなく第一の、全的・普遍的な原因に基づいて理解することであり、言いかえると存在の根元的で徹底した認識であるから、知恵の探求としての形而上学が「神」の探求へと向かう必然性は明白だ、と言うべきではないのか。

（69）「抽象」と「分離」の区別は二〇世紀前半におけるトマス・アクィナス研究における最も重要な成果の一つであった。参照。拙稿「全体の抽象と形相の抽象　――　トーマス・アクィナス抽象理論の一考察」『哲学雑誌』73巻・738号、一九五八年。

第五章　「一」なる神

Ⅰ　知恵の探求と信仰

1.　哲学の限界

　ここまでは「神とは何か」と問う人間（自己）、そしてその人間が行う「神とは何か」という知的探求をめぐっていろいろと考えてきたが、本章からは「神とは何か」を問う知的探求そのものが始まる。ところで「神」、より厳密な言い方をすれば「われわれが神と呼んでいる存在」は哲学にとってもろもろの問題（クエスチョン）のなかの問題そのものであるが、哲学に固有の主題（subject matter）ではない、と私は考えている。なぜなら人間の学である限り、人間的認識がたどり着きうるのは、感覚から出発して、感覚に導かれつつ理性による推理が及びうるところまでだから、哲学は結局のところ神の「何であるか」には到達しえず、せいぜい神は「何であらぬか」の理解にとどまらざるをえないからである。

　したがって、われわれが「神とは何か」と問う知的探求をさらに進めようと試みるのであれば、「経験と理性」を超える何らかの知的源泉を真理と認めた上で、それに導かれつつ探求を進めざるをえない。ここでわれわれが選びとる精神的態度が「信仰」（fides）と呼ばれ、それに基づく知的探求が「神学」（theologia）と呼ばれることは改めて言うまでもないであろう。私が強調したいのは、それが何と呼ばれるかは「知恵の探求」にとっては問題ではないのであって、知恵の探求は「経験と理性」に基づいてであろうと、それらを超える知的源泉に基づいてであろうと、完全な一貫性をもって進めることが可能だ、ということである。

2. 聖書は哲学の根拠たりうるか？

ここでは「信仰とは何か」という議論に立ち入ることはしないが、信仰が本来、人間の知的探求を可能ならしめ、導くものであることだけは確認しておきたい。アウグスティヌスが「（あなたがたは）信じなければ悟らないであろう[70]」という預言者イザヤの言葉を引用して、「信仰は尋ね求め、知性（理性）は見出す」ことを明確にして以来、信仰は人間精神による知的探求と内的・本質的に結びつくという「信仰」理解が、キリスト教的哲学および神学の根本的立場となった。「知解を探求する信仰[71]」（fides quaerens intellectum）という標語が神学の本質を言い表す言葉となったことも周知の事実である。

（70）『イザヤ書』7・9。
（71）これはカンタベリーのアンセルムスが彼の著書『プロスロギオン』（*Proslogion*）に自らつけた副題である。

言うまでもなく、信仰によって導かれる知的探求であっても誤謬に陥(おちい)ることがあるのは、人間的探求である限り不可避であるが、人間は謬(あやま)りうるという可謬性(かびゅうせい)は、真実のところ、人間の知的探求が限りなく進歩・発展することを可能にするものだ、ということを決して見落としてはならない。デカルト的「コギト」はあらゆる懐疑主義を根絶したと賞讃されるが、すべてを疑う「懐疑主義」という精神の病いと、可謬性という人間の限界とはまったく別のことであって、絶対に誤謬も疑いも許容しない確実性なるものは必ずしも人間的認識の理想とは言えないことに注意する必要があろう。

したがって、この後の議論で聖書の言葉を根拠にしたり、神学者たちの見解に言及するのは、すべて知恵の探求という観点に基づくものであって、それらが信仰や神学の領域に属するということは議論自体が知恵の探求(フィロソフィア)であることをいささかも妨(さまた)げないと考える。実際に、私はかつて哲学演習のテキストにアウグスティヌスの『三位一体論』を使用し、何年もかけて、三位一体という信仰の神秘そのものではなく、信仰の知解に関する第八巻から一五巻までを、哲学科の同僚たちや大学院生たちと読み終えたが、終始これこそ哲学すること（知恵の探求）だ、と強く感じたことを記憶している。

もう一つ、この問題に関して私の心に刻みつけられた教訓に触れさせて頂きたい。東京大学を卒業したその秋から四年間、「アメリカ・カトリック大学」大学院で学び、トマス・アクィナス研究で学位を得て帰国し、南山大学哲学科講師として哲学の講義を始めた私が大いに迷ったのは、私に「哲学」を教える資格があるのか、特に哲学専攻ではない学生たちを「神学者」トマスの研究者である私が「哲学する」ことへと導くことができるのか、という疑問をめぐってであった。思案に余った私は（短期間だけ講義を聴講した）トロント大学中世哲学研究所のエティエンヌ・ジルソン教授に助言をお願いした。教授はすぐに長文の、自筆の返事を下さったが、その中で特に記憶に残っているのは、知恵の探求の真価は葡萄酒（ぶどうしゅ）と同じくボトルのラベルではなく中味によって定まる、「神学」や「哲学」という名称に拘泥（こだわ）る必要はない、という助言であった。

ジルソン教授自身、この問題に関しては、卓越したトマス学者として世界的に有名だったガリグー・ラグランジュ神父（Reginald Garrigou-Lagrange, 1877-1964）〔当時ローマ・聖トマス大学教授でドミニコ会員〕から厳しい批判を受けていたこともあって[72]、一面識もない無名の研究者に貴重な援助の手をさしのべてくださったのではないかと思う。

（72）問題になったのは神学と哲学との区別であり、とくにジルソン教授が「キリスト教哲学」という用語を用いたことが批判の的となった。参照。Laurence K. Shook, *Etienne Gilson*, Pontifical Institute of Medieval Studies. 1984, p.300.

Ⅱ 「一神教」の問題

1. 二つの疑問

われわれは「神とは何か」という問い、すなわち「神は何であるか」という神の本性(natura)あるいは本質(essentia)を問う探求を、神は「一」であることの考察から始めることにする。このような出発点を選ぶことはただちに次の二つの疑問に答えることを要求すると思われる。(1)何事についての探求も、探求の対象が何であるかを問題にする前に、そのような対象が存在することをつきとめるべきではないのか。今の場合、まず神の「存在」論証が必要ではないか。(2)「神は何であるか」の考察を神は「一」であることから始めるのは、「一」を何か本質に関わるかのように考えていることを示すが、「一」は数であって何の本質も意味することはないのではなかろうか。

第一の疑問に対しては、私は人間は人間であるということ、つまり存在を知る知性(理性)と善を欲求する意志を持って生まれてきたということからして「神は存在する」と自然に悟るようになる、と答えたい。この答えの単純さに戸惑い反撥する人は、人間誰しも「この私はどこから来て、どこへ行くのか」という疑問が心に浮かぶことがある、という事実に注意して欲しい。この問いそのもの、つまり人間という存在の始源と終極を問うということが、心の深いところで「神は存在する」と悟っている徴(しるし)なのである。言いかえると、人間が「在る」という言葉を学び、それを使いこなすことができ、「善は追求すべく、為すべき」であることを弁(わきま)えているという事実そのものが、人間は自然本性的に「神は存在する」と認識していることを示唆している、と私は考える。このことを詳しく語るには一冊の書物全体でも足りないくらいであるが、ここでは次の補足だけにとどめざるをえない。

まず「在る」という言葉をわれわれ人間が学ぶことの不思議さについて。私が「ここで・今」何かを見、あるいは触れて、「このものは在る」と言明するのは、いわば私が自力でつかみ取り、支配するかのような「在る」の捉え方である。他方、私は明るい日差しの下、美しく咲き、かぐわしい香りを放つ草花を見て、これらすべてが「在る」のは善い、と心からそれらさまざまの現れをするものの「存在」を肯定する気分になることがある。ところで何ものかの存在を「善し」として肯定することはまさしくそのものを「愛する」ことである。したがって、われわれの「存在」認識は、その最も深いところにおいて「存在の肯定」すなわち「愛(アガペ)」を含んでいると言えるのではないか。これは何か奇妙で風変わりな想念ではなくて、「存在(ある)」はその根元的な意味において「善、真、美」などすべての価値を含むものであることからの当然の帰結なのである。

このような「存在」の肯定はわれわれが日常生活のさまざまの利害や労苦から解放されて、物事をまさしく「在るがままに」見ることが可能になったときに実現する「在る」の捉え方と言えよう。そして私はこの「存在」の肯定は暗黙のうちにすべての在るものの「在る」の第一根源である「神」の認識を含意していると考えている。なぜそう考えるかと言えば、この肯定は私自身がその根源であることはできず、すべての「在る」ものを「在らしめる」神にまで遡(さかのぼ)ると考えざるをえないからである。(73)

次に人間は誰しも「善は追求すべく、為すべき」であることを弁えているということ、言いかえると人間の意志は自然必然的に善へと傾くものであることについて。このことに関して、子どもに「なぜ悪いことをしてはいけないのか」と尋ねられて、説明をいろいろと試みた果(は)てに、子どもを納得させることができずに困惑する親がいると耳にしたことがあるが、説明できないのが当たり前なのである。「悪」という言葉は「避けるべきもの、為してはならないこと」として覚えなければならない。「約束」も「守るべきこと」として覚えるべきで、そうでなければこれらの言葉を知っているとは言えないのである。説明できないのは、そのことは人間の思考や経験の産物、あるいは時代・地域に応じて多様で変動的な慣習ないし社会的合意ではなく、まさしく人間の自然本性に植えつけられたことだからである。

人間の自然本性に植えつけられている、あるいは人間は自然本性からしてそのように秩序づけられている、ということは、けっしていわゆる本能（インスティンクト）ではなく、万人が自明のこととして意識しているのでもない。しかし、例えばアウグスティヌスの「あなた（神）は私たちを、ご自身にむけてお造りになりました。ですから私たちの心は、あなたのうちに憩うまで、安らぎを得ることができないのです[74]」という言葉を読むと誰しも心の奥底に光が当てられたと感じるだろう。そのような認識が「自然本性」に植えつけられた認識だと言える。アウグスティヌスは熱烈に真理を探求し、自己の中（うち）へと、つまり人間本性そのものへと立ち帰り、この言葉を発した。他方、わたしたちはこの言葉に導かれて束の間（つかのま）ながら自らの自然本性へと立ち帰り、この言葉を味わい、その真理に触れることができる、私はそのように考えている。

いま人間の意志は自然必然的に善へと傾くと述べたことについて、それは可笑（おか）しい、人

（73）私はここで述べた「存在」理解と基本的に重なり合う考え方を、「現代ドイツ哲学界における最後で最強の形而上学者」ローベルト・シュペーマン（Robert Spaemann, 1927～　）の著書『幸福と仁愛』*Glück und Wohlwollen*（宮本久雄・山脇直司監訳、東京大学出版会、二〇一五年）のうちに見出した。

（74）Augustinus, *Confessiones*, I, 1, 1.

間の意志は自由で、善も悪も選びうるのだ、と反駁する人が多いかもしれない。しかしそれは誤りで、実際は悪を選ぶのではなく、善を選び損なう＝悪しく選ぶ、ということだ、と私は考える。じつは人間の意志が自然本性的に善へと傾くという時の「善」は「存在」と置き換えられる形而上学的な「善」であるのに対して、「善も悪も選びうる」と言う時の「善」は「悪」と対立する倫理的な「善」なのである。この区別を見失うところから「性善説」と「性悪説」が対立的であるかのような誤解がわが国では常識化している。「性」すなわち人間の自然本性が善であるのはそれが「天命」あるいは神的創造の業である限りにおいてであり、「性は悪である」と言われる場合の「性」は自由意志の行使に伴ってもろもろの邪悪に満ちている現実の人間社会で観察される人間の行動原理としての「性」にほかならない。そもそも人間の意志の自由は、意志がまず自然本性的に善へと秩序づけられているからこそ、その善にどのような仕方で到達するか、つまりどのような手段を選ぶかという自由の「場」が開かれるのである。そして、人間の意志が自然必然的に善へと秩序づけられているということは、人間という存在が善そのものである神へと秩序づけられていることに他ならない。つまり「私はどこへ行くのか」の「どこへ」は、人間の究極目的、善そのもの、神なのである。

2. 神という「逆説」

右に述べたことでこの節の始めに提起した二つの疑問の(1)に対して十分に答えたとは決して考えていない。もともと、なぜ私が神は存在するという認識は人間の自然本性に植えつけられていることを強調するかと言えば、このことの前提なしには「神とは何か」という探求が探求として成立しないからである。

これに対しては、いや神が存在することを証明した上で神は「何であるか」を探求すればよいではないか、と反論されるかもしれない。しかしそもそも神の「存在」証明というものが為しうることと言えば、右に述べたようにわれわれの自然本性に植えつけられている神（正確には「万人が神と呼ぶ存在」）が存在するという認識（それは漠然とした一般的な認識にとどまる）が条理にかなった根拠ある認識であることを理論的な仕方で明確に示すことであり、それ以上のものではない。言いかえると、神は存在するという自然本性的な認識なしには、神の存在を証明すること自体が不可能なのである。

「神が存在するという認識は人間の自然本性に植えつけられている」という主張は、神の認識は人間にとって根元的にきわめて身近で親しみ深いという主張のように響き、多くの人を驚かせ、反撥を招くかもしれない。それは当然であって、右の言明は前半に過ぎず、次の後半と対（つい）になっているのである。神の認識は同時に最高の神秘であり、神についてわれわれが到達しうる最高の認識とは、神はわれわれにはまったく知られないものとしてとどまる、神はわれわれが神について知りうることをまったく超えていると悟ることとなのである。

われわれ人間にとってこの上なく身近で、ある思想家の表現によると「私自身よりも私にとって親密な神」は私の存在の最も内奥に現存しつつ、私にとってはまったく知られないままにとどまる、限りなく超越的な神である。この言明は文字通りの逆説、反対・対立的なるものの一致、それこそ西田幾多郎(にしだきたろう)の言う「絶対矛盾の自己同一」そのものと受け止められるかもしれない。しかし不思議なことに昔から「神は何であるか」という知的探求を——それは繰り返し述べたように「知恵の探求」の中心課題であったが——人間の自己認識の深まりとして根元的・徹底的に進めようと試みた人々は、この逆説のうちにこそ探求を導く真理の光を見出してきたようである。

じつを言うと、「神」認識におけるこの逆説——「内在的超越」とも表現できる——は、私がこの書物全体で行っている探求を凝縮した表現とも言えるものであって、それは本書の第六章で「人となった神」「真(まこと)の神にして真の人間」という逆説中の逆説、絶対的矛盾とも言うべき神秘と直面するときに初めてその意味が感じとられることなのである。

私はわが国で宗教や霊性の究極にあるものに迫ろうとする論者の多くが試みるよう

に、この逆説を弁証法とか「無」という言葉によって解明する道はとらない。それらの試みは結局のところ自らの「体験」を最後の拠り所とした上で、それらの論理や言葉によって自らの体験を物語っているに過ぎないように私には思われる。私にはそのような拠るべき体験はないので、右に「逆説中の逆説」と記した神秘に直面して、その神秘にできる限り近づきつつ生きる道を選びたい、と考えている。

3.「一」は数字の「一」ではない

さきの第二の疑問に対する答えはこの後の論述で明らかになるので特に言及しない。ここでは、われわれが「神とは何か」という問いをめぐる探求を神は「一」であることの考察から始めるのは、宗教学で「一神教」「唯一神教」が論じられる時の「一」——それが複数・多数の神の否定という意味での「一」である限り——ではないことの指摘に止める。

神の「一」なることは「一、二、三」と物体的なものを数える時の「一」ではないことは言うまでもないとして、それは他のすべてのものと異なる、ただ一つだけのもの、よく「ナンバー・ワン」ではなくても「オンリー・ワン」と言われるような「唯一」という意味での「一」でもない。次節（Ⅲ）で引用することになる信条では「一なる神」（unus

Deus）が「唯一なる神」と訳されているが、これはわれわれの周囲でただ一つだけの大事なもの、掛け替えなきものが「オンリー・ワン」と言われる場合の「唯一」と同一視することはできない。

むしろ「唯一なる神を信じる」という場合の「一」は、われわれが自らの自然本性に植えつけられている「神は存在する」という漠然とした認識から出発して、そのような神が確かに実在することを論証し、それに続いて、そのように実在することが論証された神にはいかなる属性ないし完全性（例えば単純、不可変、無限、永遠など）を帰属させるべきかを探求した上で到達する、神とはこのような存在であり、それ以外ではありえない、と確定する場合の神の自己同一性（self-identity）としての「一」である、と言うべきであろう。

それは神の「本質」の認識ではないことは言うまでもないが、神は「何であらぬか」という否定を徹底させることによって、また「在るもの」と置き換えうる真、善、美などの完全性のすべてを最高の仕方で帰属させることによって到達される「神」理解において、人間理性はついに「知られざるもの」たるがままにとどまる神に「結ばれる」のであり、神が「一」であるとはそのことを言い表すものにほかならない。言いかえると、われわれは神は「一」であるという認識において、神は「無限、永遠、全能……」である、という仕方で進められた神の探求の実り（みの）として、「何であるか」はついに知られざるままの神に結ばれ、神の実体に触れているのであり、「一」はそのこと、つまり「神は神である」という、神のアイデンティティを言い表す「一」なのである。

私がそのことを明確に認識したのは、トマス・アクィナスが『神学大全』の冒頭（第一部第二問題第三項）で試みた神の存在論証（いわゆる「五つの道」）において、五つの論証のすべてを「万人が神と理解しているのはこれである」とか「それを万人は神と呼んでいる」などの暫定的な言葉で結び、「それゆえ神は存在する」とは明確には結論していないにもかかわらず、それに続いて単純性、完全性、無限性、永遠性……など神の「何であるか」を探求した上で、最後に神が「一」なるものであることの論証を「そしてこれが神である」（Et hoc est Deus）という明確な言葉で結んでいる、そのことの意味に気付いたときであった。[75]

つまり、トマスによる神の存在論証は「五つの道」においては、存在することが論証されるべき神は人間に自然本性的に植えつけられている漠然とした理解にとどまっているので、論証は暫定的に結論づけられざるをえない。他方、その後で行われた神は「何であるか」の探求の実りとして、神の「一」たることが認識されることによって論証されるべき

（75）参照。Edward Sillem, *Ways of Thinking about God, Thomas Aquinas and Some Recent Problems*, Darton, Longman & Todd, 1961.

神が明確に認識され、「そしてこれが神である」と結論することが可能となったのである。

言いかえると、神は「一」であるとの言明は、人間理性が神の本質を把握することはできないが、神そのものに触れて、神を「実在」として語ることは可能であることを言い表すものである。その意味では、神は「一」なるものであるとの認識は人間理性が神の「何であるか」について到達しうる最高の形而上学的認識であると言えよう。言うまでもないが、神は「一」であるとの認識は、明白な事実の確認といった類い(たぐい)の認識ではなく、計り尽くすことのできない神秘そのものである神について人間理性がたどり着いた理解なのである。それと(この後で触れるように)信仰のみによって(sola fide)肯定され、受容されるべき「三・一なる神(三位一体の神)」とを比較して、それらが矛盾・対立するかのように考えるのは幼稚な誤解に過ぎない。

Ⅲ 創造と神の「一」性

1. 神の全能とは?

キリスト教会の信条[76]では、われわれが信じる「一」なる神は「天と地、見えるもの、見えないもの、すべてのものの造り主」であると宣言されており、神の「一性」はすべての在るものを「無から」創造する神の「全能」と等置されているとの印象を受ける。実際に「神は神である」という神の「一性」はキリスト教思想史において、何よりも第一に全能なる創造主であることによって言い表されてきたと言えるのではないか。

だが、いったい「全能」(omnipotentia)、すなわち為しえないことはなく、その力には限界がないとはどういうことか。それは単に物理的力の限界の否定にとどまるものではなく、霊的な力の無限性であり、人間理性による分析・解明はまったく不可能と思われる。例えば、アウグスティヌスが『ヨハネ福音書』第一四章(第一二節)「これらよりもより大いなる業を行うであろう」というイエスの言葉を説明して「天と地を創造するよりも罪人から義人が造りだされることの方がより大いなる業である」[77]と述べるのを読むと、大きな衝撃を覚え、容易に理解することも、同意することもできないと感じる人が多いのではないか。

(76)「信条」Credo とは教会が信仰の内容をできるかぎり完全に網羅する仕方で箇条書きにしたもので、最も古いものは初代教会の洗礼の際の信仰告白がもとになって成立した「使徒信条」である。この他、全教会的教会会議に基づいて成立した「ニカイア・コンスタンティノポリス信条」が現在でも信仰告白のために広く用いられている。

(77) Augustinus, *Enarrationes in Psalmos*, 72, PL35, 1823.

アウグスティヌス自身は「天と地は過ぎ去るが、予定された人々の救いと成義[78]は永久だからである」という理由を述べ、さらに、創造と成義の業はそれを為す能力は等しいとしても、後者はより大いなる憐れみの業である、という説明を付け加えている。アウグスティヌスの真意は、およそ行為ないし業の偉大さの規準は「善さ」(bonitas) であり、成義は神的本性の分有 (divina participatio) という永遠なる善、最大にして最高の善にゆきつくところから、可変的な自然本性の善にゆきつく天地創造よりもより大いなる業である、ということにほかならない。

神の「全能」という、広く知られているが真の意味は(言うまでもないが、それが神の「何であるか」に関わるものである限り、信仰の神秘として深く秘められているがゆえに)極端な誤解にさらされている言葉のために議論が横道にそれてしまった。要するに、神が「一」なるものであることを、全能である神のみが、まさしく神として為しうる無からの天地の創造という業によって説明するのは正しく適切な方法である。しかしその際、神の全能は神の本質である善さ (bonitas) ——聖書的な表現では「憐れみ深く恵みに富む神、忍耐強く、慈しみとまことに満ち……」(『出エジプト記』第三四章第六節) ——において何よりも第一に示されることを忘れてはならないのである。そして、このような神の本質についての認識にわれわれが到達できるのは神的啓示を信じることによってのみであり、とくに神が父・

子・霊という三つのペルソナの知恵と愛の交わりである自らの内的生命そのものを親密に伝えた三位一体の啓示を信じることによってであるから、神の「一」なることは神のペルソナ性において初めて適切に考察されるのである。

2. 「創造」の意味の誤解

いま「神が《一》なるものであることを、全能である神のみが、まさしく神として為しうる無からの天地の創造という業によって説明するのは正しく適切な方法である」と述べた。しかし、今日われわれの間では「創造」「創造的」という言葉が賞讃や評価の意味をこめて広く用いられている反面、神のみが神として為しうる業としての創造は極端な無知と誤解にさらされていると言わざるをえない。したがって、神の業としての創造をよりどころにして神の「一」なることを解明しようとする者は、何よりも創造という業を神の本質との関係で捉えるように心掛ける必要がある。なぜなら、そうすることによってのみ創

(78)「救い」と「成義」について詳しい説明に立ち入ることはできないが、ここで重要な点は、創造という神の業が天地・万物、つまり可変的な善きものという結果をもたらすのに対して、罪人が「神に対する背き」という罪を全く消し去られて、神の前に正しい人たらしめられるのは、神の生命によって生きる者になる、つまり神的本性に参与するという永遠・超自然的善にゆきつくことであり、そのような結果を生ずる神の業は明らかにより大いなるものだ、ということである。

造という神の業は、この業を為す神の「何であるか」を示し、真の意味での神の「一」性の理解を可能にするからである。

私がここで創造について述べていることは一般に神による天地創造の業について語られていることとは正反対で、まったくの逆説のように受けとめられるかもしれない。つまり神の創造の業について通常提供される説明は、われわれが経験するすべての事物は自身の存在において他者に依存する有限な被造物であるから、必然的にそれらを存在せしめる第一の根源、すなわち神の創造の業に行きつかざるをえない、というものである。ここで創造は、被造物の領域における因果の作用が何らかの特殊な能動者によるある特殊な存在の流出（emanatio）にとどまるのに対して、あらゆる特殊性を超越する「第一の原因による存在全体（totum ens）の流出」と定義される。[79] しかし、それはじつは名目的定義にとどまり、創造の業を行う神の「一」性を明瞭に顕示するものではない、と私は言いたいのである。

言いかえると、神の創造の業について一般的に与えられている説明は、創造の名目的定義にとどまるものであり、それは神は存在するという肯定を言いかえたものに過ぎないのではないか。たしかにそれはわれわれの自然本性に植えつけられている真実の神が存在することの肯定であり、その限りで神の「一」なることの認識であるとは言える。しかし、まだこの段階では神の創造の業は神の「何であるか」を明確に顕示するものではなく、したがって神の「一」性も漠然と、暗黙的な仕方で認識されているにすぎない。われわれはここからさらに進んで、創造がまさしく神が神として為す業であり、全能なる神のみが為しうる業であることが明瞭に顕示されるところまで探求を進めなければならない。この後の3．・4．の議論は不必要にくどく、読者に大きな忍耐を強いるものではないかと虞れている。「創造」「全能」は本来、神にのみ帰属すべき言葉であるのに、あまりにはなはだしい誤解にさらされてきたので、それらを通して神の「何であるか」を知るのは不可能になってしまったのではないか。そう考えてあえてこの議論にふみこんだ次第である。

3. 「無からの創造」の意味するもの

じつは創造とはそのように全能なる神のみが為しうる業であり、神の「一」性を明瞭に顕示するものであることを言い表す言葉が「無からの創造」(creatio ex nihilo) にほかならな

(79) これはトマス・アクィナスが『神学大全』(I、45、1) で創造とは何であるかを説明している言葉であるが、それは神の創造の業の名目的定義にすぎない。

い。旧約聖書外典『マカバイ記二』第七章（第二二節以下）で殉教する七人の息子たちを父祖たちの信仰の言葉で力強く励ます母親が、全能なる神の慈しみと憐れみ深さを「万物を既に在ったものから造られたのではない」という言葉で言い表しているのはそのことの証しと言えよう。万物を無から創造できる神とは、罪人のうちに清い心をつくり、魂のいのちを与え、死者にいのちを返し、存在していないものを呼び出して存在させることができる、限りない慈しみと憐れみ深さにおいて自らの全能を示す神なのである。(80)

「無からの創造」がキリスト教の歴史で公式に信ずべき教義（ドグマ）として宣言されるのは一二一五年の第四ラテラノ公会議においてであり、注目すべきは唯一の真なる神は三位一体なる神であり、万物の無からの創造は「一なる根源」（unum principium）たる三位一体なる神の業であることが明瞭に宣言されていることである。しかし「無から」（第四ラテラノ公会議では de nihilo）とは限りない慈しみと憐れみ深さにおいて示される神の全能を示す言葉であるとすれば、この「無からの創造」という信仰は一三世紀に初めて出現したものではなく、イスラエルの民が「初めに、神は天地を創造された」という神の言葉を聴いて信じた時、つまり彼らが唯一なる神を信じ始めた時まで遡ると言うべきであろう。

「無からの創造」という言葉から何となく Nemo dat quod non habet「無い袖はふれぬ」（何びとも有せざるものを与うることなし）というラテン語の諺（ことわざ）を連想する者は多いであろ

う。思想史に詳しい者ならアリストテレスが『自然学』（第一巻187a28-29）で「無からはなにものも生じない」を自然学の公理として紹介していることを想起するかもしれない。確かに何かを造るという働きも含めて、この世界におけるすべての変化は（変化、生成に）先在する何ものかなしには在りえないのであり「無からはなにものも生じない」は有限な存在のみに視野が限定されていたギリシア哲学においては自明な公理であった。[81]

したがって、ギリシア哲学的な「世界」像においては世界・宇宙は始めも終わりもなく存在し続けるもの、いわば永遠の運動・変化であって、世界・宇宙がそれを超越する、何か別次元の存在（神）によって創造された、という考え方はまったく知られていなかった。つまりギリシア哲学的な「存在論」において「創造」という概念は未知のものだったのである。「世界創造者」と長い間考えられてきたプラトン『ティマイオス』篇のデミウルゴスは、すでに存在している永遠的な物質を用いるのであるから「世界形成者」であって「創造主」ではない。

このように神の業としての「創造」の概念は人間理性のみによる知的探求によっては到

(80)『詩編』51・12、『ローマ人への手紙』4・17。
(81) ギリシア哲学においては「無限」(infinitus) すなわち「終極」(finis) が欠けていることは極度の不完全・欠陥を示すものであり、有限なるものを超越するという積極的意味では用いられなかった。

達不可能であり、人間理性にできることは「神」の存在を論証したのと同じ仕方で、天地万物はそれらが存在するためには第一の存在そのものである神に絶対・無条件的に依存すること、つまり存在することの第一根源である神への絶対的依存の関係としての創造の必然性を論証することのみであろう。言いかえると、「神の業」という本来の意味での「創造」については人間理性のみによってはまったく理解できないのである。「無からの」という言葉についても「先在する素材なしに」とか「存在（エンス）」ではないもの、つまり「非存在（ノンエンス）」としての「無から」という風に、言葉の上だけの説明にとどまる。

これに対して「無からの創造」を理性のみによって理解しうる哲学的概念であるかのように誤解した場合には、例えば西田幾多郎が初期の著作『善の研究』において「無からの創造」は創造を時間的始まりのある偶然的な出来事に格下げするものであり、創造は「永遠の創造」でなければならない[82]、と主張したような無用な混乱が起こる。また創造とはあたかも虚無から存在に到る無限の中間層を一挙に移行する大いなる運動・変化であるかのように想像する誤りも同じ誤解に由来する。

したがってわれわれは「無からの」という言葉を、有限な被造的世界における「造る」という働きを無限に超越する超自然的な神の業、まさに神の本質に属する働きを意味すると解すべきであろう。すべての在るものを「無から」創造する神の「全能」と言うと、「創造」という働きの限りなく巨大な力が想像され、神の「一」性もそのような無限の力によって示される超越性と同一視されがちであるが、それは誤りと言わざるをえない。むしろ、われわれが全能なる神のみが為しうる創造の働きを「無からの創造」と呼ぶのは、創造は神の啓示に基づいてのみ信じられる、限りない慈しみと憐れみ深さという神の本質に属するもので、それ以外ではありえないことを宣言するためなのである。

4. 創造は愛の業

このように創造を神の本質に属する働き、神の本質を顕示する行為として理解しようとする者にとっては、創造を救いから切り離すこと、まして創造する神と救い主たる神を対立させ相互排除的に捉えることは[83]、神の創造の働きについての初歩的で根本的な誤解と見なさざるをえない。ところが、神による万物の無からの創造についての聖書の教えを創造と救いを切り離して考える傾向は――天と地、宇宙と人類の始源についての宇宙論的な説明と受け止め、聖書と科学、創造論と進化論の対立を問題とする類いの議論は論外として

(82) 拙稿「日本思想と超越の問題」『東洋学術研究』第14巻第2号、一九七五年。
(83) これは二世紀にマニ教の善悪二元論に近い旧約的創造神と善なる神を分離するグノーシス的説を唱えたマルキオン(Marcion)の立場である。

も――キリスト信者の間にも広まっているように思われる。

しかし、神の業である創造は救いと同じく神の愛(アガペ)の顕現である。周知のように、神は「愛(アガペ)」であるという神の本質についての聖書の教えは『ヨハネの第一の手紙』で集中的に示された[84]。そして神の愛が、そして神は愛であることがわれわれに最も明瞭に示されたのは、神が独り子をわれわれの罪のためにあがないの供え物として、われわれが彼を通して生きるために遣わされた、という救いの業によってであることは言うまでもない。おそらく神の愛、あるいは愛である神について語るキリスト信者が自分の信仰の直接の拠り所として挙げるのは、もっぱら十字架の苦難そして犠牲において示された神の愛の最も顕著な現れとしての救いの業であるのも確かである。

しかし私があえて問題にしたいのは、その信仰を告白するキリスト信者が「神はその独り子をお与えになったほどに、世を愛された[85]」という聖書の言葉を、まさしく「神の言葉」として受け止め、どれほど文字通りの現実として理解しようと努めているか、ということである。

言いかえると、ここで「神の独り子」というのは十字架にかけられてわれわれの罪のあがないとして犠牲(いけにえ)にされたイエス・キリストのことだ、と象徴的に認めるだけで十分なのか。「神の独り子」は父なる神から生まれた永遠の言(ことば)、はじめから神とともにあった神であり、この愛してやまない独り子を父なる神は文字通り世にお与え下さったのである、と信じなければ「神は愛である」という聖書の教えを真実に受け止めたとは言えないのではないか。ところでこの信仰は唯一なる神における父・子・霊のペルソナの区別、すなわち三位一体なる神を信じることにほかならない[86]。

そもそも愛である神、限りない慈しみと憐れみ深さによって人間の罪を赦す救い主なる神を信じることとは、三位一体なる神という信仰の神秘を真理として受け容れることなしには不可能なのである。なぜなら、この信仰の神秘に照らされてはじめてわれわれは神が限りない知恵と愛に満ちたペルソナ的神[87]であることを知りうるのであるから。創造は神の実体からの万物の必然的な流出ではなく、神の自由な愛に基づく業であること、また神は独り子をお与えになるほどに世を愛される慈しみと憐れみ深さに満ちた救い主であることも、三位一体なる神という神秘を信じることなしには厳密な意味で理解することはできな

(84)『ヨハネの第一の手紙』4・8、16。
(85)『ヨハネ福音書』3・16。
(86) このような言い方は「教義(ドグマ)」偏重の独断論と思われるかもしれないが、「神の愛」を真に現実的に、実在するものとして受け止めるために必要とされることを述べているつもりである。
(87) 現実に実在する「愛」「慈しみ」「憐れみ深さ」を帰属させることができるのは精神的存在であるペルソナのみであるから、このように主張するのである。

いからである。

5. 神の「一」性という神秘

これまでの考察によって、「無からの創造」という今日では哲学的用語として広く用いられる表現——それは創造主たる神の全能、したがってまた神が「一」なることを示すとされた——は、じつは神が三位一体であることを前提する場合にのみ知的に探求し、理解に到達しうるものであることが示された。したがって、神の「一」なることは、根元的には三位一体なる神という信仰の神秘——神自らによる神の内的生命の啓示——を知的に探求することによってのみ明瞭に示すことが可能であると言わなければならない。

一見、矛盾のようであるが、神における三つのペルソナの区別は神の「一」性を排除するものではない。むしろ「三位一体」なる神の「一」性こそ神の真実の「一」性なのである。なぜなら神が神であること、創造主にして救い主であることは「三位一体」なる神という信仰の神秘に照らしてはじめて明瞭に理解することが可能だからである。

神は三位一体であるという教えは、誤解を怖れず真実を語ることが許されるなら、「初めに言があった」で始まる『ヨハネ福音書』冒頭の「言賛歌」が簡潔鮮明に伝える、神の本質、内的生命そのものについての神自身による内明話である。それがなぜか難解な神学に変わり、幼稚な誤解に曝(さら)されるようになった。難解な神学として敬遠される理由は、この教えは何よりも根本的に信仰のみによって受容・肯定されるべき真理、つまり信仰の神秘であることを忘れて、徒(いたず)らに理性によって分析・解明し、把握しようと試みるからであろう。

他方、幼稚な誤解の中には父・子・霊というペルソナの区別は神の「一」なることとの否定であるとして斥(しりぞ)けた上で、唯一なる神を信仰告白するユニテリアン派、その対極とも言える父、子、聖霊の三神を礼拝するモルモン教がある。そして、そのような両極端の中間に、ペルソナの区別を認めつつ、神の「一」なることを確立しようとするさまざまの折衷説が提示された。すなわち、ユニテリアン派に近いのは、ペルソナの区別は唯一なる神が自らを顕現するにあたっての様式の違いであるとする様態主義(モダリズム)であり、三神教に近いのは真実の神は父なる神であって、御子と聖霊は神と物質世界の中間に位置づけるとする立場である。

私がこれらの古代から現代に到るまでさまざまの学識ある論者たちによって紡(つむ)ぎ出された三位一体なる神についての議論を「幼稚な」誤解と評するのは、ただ一つの単純な理由に基づく。それはこれらの論者が唯一なる神を信じると言うときの「一」と、唯一なる神における父・子・霊という三個のペルソナの区別を教える啓示との間に明白な矛盾を認める、という誤りに陥っていることである。

父なる神、子なる神、聖霊なる神を実在的に区別することが神の「一」なることとの明白な矛盾でなくて何であるか、とただちに反論されるかもしれない。しかし、われわれは神の「一」なることを「信仰」をもって肯定・受容しているのであって、経験的に確かめたわけではない。「一」であるということは神と呼ばれる存在そのものと同じく、測り尽くすことのできない神秘であり、われわれはそのことを信じているのである。

そして、神における父・子・霊というペルソナの区別は、神自身が親しく神の「何であるか」について教え、示した啓示であるから、それはまさに神の「一」であることを、神の本質に即して教える啓示として受け取るべきものである。言いかえると、神の「一」なることに関する知的な探求は「三位一体なる神」という信仰の神秘に基づいてのみ、有効、確実な仕方で進めることが可能なのであり、われわれが次に試みるのはまさにそのことなのである。

Ⅳ　三位一体なる神の「一」性

1.　現代における神の「疎外」

われわれが「唯一なる神の信仰」と言う場合の神の「一」性は、物体を数える単位の「一」ではなく、神とは「何であるか」という神の本質、あるいは神とはこのような存在であり、それ以外ではありえない、という神の自己同一性 self-identity とも言うべき「一」であるとすれば、それは「三位一体なる神」という信仰の神秘を知的に探求することを通じてつきとめるべきものだ、というのがこれまでに到達した見通しである。このように言うことは、「三位一体」の教義（ドグマ）を難解と言うより、ほとんど不可解な神学的専門語（ジャーゴン）として片付けている人々にとっては問題とするに足りないたわ言（ごと）であり、神の「一」性についての解明であるよりは、ただ混迷の度を深めるだけの見解と映るに違いない。

しかし私は神が「一」であることの解明に向けられた探求や考察は、「神は何であるか」という問いをめぐる知的探求全体の総括とも言えるほどの重要性をふくむものであり、「三位一体なる神」という信仰の神秘にあえて立ち入る価値は十分にあると考える。言うまでもなくそれは、「神は何であるか」と問うことが、知ることを自然本性（ほんせい）とする人間にとって——まさにこの問いを適切かつ徹底的に問い、十分に満足すべき答えを発見することが人間本性そのものの完全な実現であり、真実の幸福に他ならないのであるから——すべての問いのなかにあって最も重要で中心的な問いであることを前提とした場合のことである。

ここでわれわれは再び「神は何であるか」と問うこと、言いかえると、真実に、心の底から「神を知りたい」と願望することが、果たしてわれわれ一人一人にとって最も重要で中心的な課題になりうるのかどうか、真剣に確かめてみなければならない。私はパウル・ティリッヒの「宗教とは人間の究極的関心（the ultimate concern）である」[88]という定義はきわめて適切であり、「宗教」と訳されているreligioは本来は「神を敬い奉仕する徳」[89]を意味する言葉であったのであり、無神論者、不可知論者、懐疑主義者であっても人間である限り自分にとって最も大事なこと・究極的関心はあるはずだから、神に関心がない人間はいないと確信している。

ではなぜ現実には神に対する無関心が支配的で、神を知りたいという熱望を表明する人間はまったくの例外なのか、と言えば、その根本的な理由はわれわれが使い慣れている言語が神を語るのに適しないものに変わってしまったからではないか、と考えている。

その致命的とも言える例は、「幸福」という言葉の意味が貧弱になったというか、矮小化されて、神からかけ離れたものになってしまったことであろう。「神は御自分に像って人を創造された」[90]という教えを人々が受け容れていた間は「神」という言葉は、人間の存在それ自体を初めとして、人間が善く生き、その究極目的である幸福に到達する、という人間の生の全体と親密に関わる存在を意味していた。ところが現在われわれの間で支配的となっている「神」観は、そのように人間の善い生き方や幸福は神との親密な一致、天使という神的な存在との交わりのうちに成立するという考え方を古代・中世的な「神話的世界観」に基づくものとして排除、つまり「非神話化」する。その上で、科学的・合理的思考という規準に合致する範囲内で「神」概念を構築し、救いの歴史を記述しようとするものである。

2.「非神話化」の害

いま「非神話化」(Entmythologisierung) という二〇世紀の著名な新約学者ルドルフ・ブルトマン (Rudolf Bultmann, 1884-1976) によって広く世に知られるようになった言葉を用いたが、私はここでこの言葉の背後にあるさまざまの問題に立ち入って論じる意図はない。私はただ次のことを指摘したい。「非神話化」という方法によって行われた、新約聖書に記録されているイエスの宣教の実存的解釈——神話的な古代的世界観の排除——は、それが主張するように現代のわれわれとイエスとの出会いを妨げる障碍(しょうがい)を排除したのではな

(88) Paul Tillich, *Systematic Theology*, U. of Chicago Press, 1967, p. 85.
(89) 参照。Cicero, *De Inventione*, II, Liii, 161.
(90)『創世記』1・27。

い。むしろ、超自然という実在に触れること、つまり神的な事柄を実在として認識することを可能にする能力を麻痺(まひ)させるという結果を生じ、そのことによってわれわれとイエスとの出会いを原則的に不可能にしたのではないか、と考えている。

実在をあるがままに認識することを妨げるという意味での「神話的な」世界観の排除は、知恵の探求をめざす者がつねに試みてきたことで、古代ギリシアの哲学者、東・西教会の教父たち、中世のスコラ学者たちも――知恵の探求者である限り――実行してきたことである。しかしわれわれとイエスとの真実の出会いは、知恵の探求が自己を超えて神的な事柄を対象とする段階に到達したときにはじめて適切に考察される問題であるから、「非神話化」ではなく、むしろこのような問題の考察においてわれわれの知性を照明し、教導すべき信仰こそが最大の関心事とならなければならないのではないだろうか。

同じことが「神は何であるか」と問う知的探求についても言えるのであって、この知的探求がわれわれを真理へと導き、実りゆたかな成果をあげるか否かは、われわれが真実の信仰――それのみが人間を神へと近づける信仰――を回復できるかどうかにかかっているのである。私のこのような語り方は知的探求を軽率かつ安易な仕方で信仰の問題と擦(す)り替(か)えているように受けとられるかもしれない。しかし、じつはあらゆる知的探求は――それが真実の探求であるためには――教え導く者を信じて従う態度なしには成立しないのであり、とりわけ「神は何であるか」を問う探求の場合がそうなのである。

前述のように「あなたがたは信じないなら、悟らないであろう」という預言者イザヤの言葉（『イザヤ書』7・9）をアウグスティヌスが神学的探求の標語としたのは決して単なる思いつきではなかった。彼自身がマニ教という「空しいつくり話の巨大な塊りに埋めこまれた」状態から「逃れ出す探求のための第一の自由そのものを回復すること」ができたのは、真理を見出したいという彼の熱望を神が聴きとどけて助けてくださった、つまり教え導く信仰を授けられたからだ、と確信していたのである。[91]

真実の信仰は決して、真理を見出したいと熱望する者に、困難と労苦に満ちた探求の代わりに、平安と悦びに満ちた憩いを約束するのではない。むしろ信仰は真理そのものである「教える神」の賜物であり、神の探求がまさしく探求として始まり、遂行されることを可能にする光を与えると言えるだろう。このことを確認した上で、唯一なる神の信仰は、信仰のみによって肯定される「三位一体なる神」という信仰の神秘に照らして知的に探求することによって、まさしく信仰としてさらに完成される、ということに目を向けよう。

（91）Augustinus, *De Libero Arbitrio*, I, ii, 4.

3. 神学は信仰を知識へと解消しない

ここで中世スコラ学への寄り道を許していただけるなら、トマスが『神学大全』[92]で「神は最高度に一なる者（maxime unus）」であるという見解を支える「権威」（auctoritas）として引用しているクレルヴォーのベルナルドゥスの著作の一節は次の通りである。「一と呼ばれるすべてのもののうち、その首位に立つものは神の三位一体の一性である」。この言葉は、ベルナルドゥスの愛弟子の一人が一一四五年にローマ教皇に選出されてエウゼニオ三世となったその三年後に、彼に宛てた書簡として著作が開始され、ベルナルドゥスの没年（一一五三年）に完結を見た『熟慮について』（*De Consideratione*）の結びの部分（第五部）に見出される。[93]

私がこのテクストに特に興味を覚えるのは、ベルナルドゥスがエウゼニオに、神について熱心かつ精密に探求し、観想することを勧め、異常に感じられるほど「神は何であるか」（Quid est Deus）という問いを繰り返して、神の本質についての考察を推し進めていることである。それは不思議なくらいトマス自身が『神学大全』で行った「神は何であるか」の探求と類似している。両者とも、万物の第一の根源であり、自らを「私はある」という名で示された神に帰すべき諸々の完全性を数え上げ、最後に神は一であり、最高度に一であると宣言する。

トマスは『神学大全』のこの箇所で「神は何であるか」の探求をいったん中断して、これまで行ってきた探求を認識理論的、ないし言語哲学的に反省・吟味した上で[94]、神のもろもろの働き（operatio）と能力（potentia）の考察に移り、その後で信仰のみによって肯定される神秘である三位一体の考察に着手する。これに対してベルナルドゥスは、神の最高度の一性について述べたことが、三位一体なる神の信仰と抵触するのではないかという疑念が起こることを考慮して「至高なる三位一体の一性について」（De unitate Summae Trinitatis）ただちに説明し始める。

ベルナルドゥスは言う。「（これまで最高に一であると述べてきた）神は、しかし三・一性（トリニタス）である。だから何事なのか？　三・一性を導入したから、（神の）一性について述べたことを破壊することになるのか。そうではない。むしろわれわれは一性を確立するのだ。」ベルナルドゥスは「至高なる三位一体の一性について」と題する章のなかで同じ主張を繰り返す。「したがって、われわれは《三》とは言うが、それは（神の）一性を損壊するためでは

（92）Thomas Aquinas, *Summa Theologiae*, I, 11, 4, Sed Contra.
（93）Bernardus Claervallensis, *De Consideratione*, V, 8, PL182, 799.
（94）第一二問題「神は我々によってどのような仕方で認識されるか」、第一三問題「神の名について」。

ない。（神は）一なるものであると言うが、それは三位一体を混乱させるためではない。というのも、これらは空虚な名称でもなければ、軽々しく語られた言葉でもないからである」

ベルナルドゥスがこの言明に続いて述べている次の言葉は、現代の教義神学ではもはや避けられない問題になっていると言われる「唯一神論と三一神論の区別と順序」[95]をめぐって論じようと企てる者に対して根本的な反省を促し再考を迫るものと言えるのではないか。「誰かがいかにしてそんなことがありうるのか、と尋ねるとしよう。彼は実際その通りであり、そのことは理性にとって判明ではないが、さりとて臆見のように曖昧ではなく、信仰の揺るぎない確実さがある、と納得すれば十分である。これは大いなる神秘（Sacramentum）であり、まことに尊崇すべきであって、詮索すべきものではない。いかにして多数性が一性のうちに、そしてこの（神の）一性のうちに、あるいはこの（神の）一性が多数性のうちに在りうるのか。このことを詮索するのは怖れ知らずの無謀であり、信じるのが敬虔であって、そのことを知るのが生命であり、そして永遠の生命である」

このベルナルドゥスの勧告・戒めは啓示された神秘について一切の探求を禁止しているのであろうか。そうではないことは、彼自身が、多くの石が積まれて一つの塊りを形成している「集合的一性」（unitas collectiva）から出発して、順次より完全で高度な一性へと進むことで最高の一性である三位一体の一性へと近づくことを試みていることから判明する。ベルナルドゥスが戒めているのは、信仰の神秘を人間の理性と経験によって解明され、確証される事柄へと解消し、還元することを目指すような詮索（scrutatio）である。

　したがって彼が三位一体の最高の一性を「同一実体的」（consubstantialis）、すなわち三つのペルソナは一つの実体（*ὁμοούσιον*）であると表現するとき、三位一体の神秘をギリシア哲学の実体（本質 *οὐσία*）の概念を借りて証明したかのように考えていたのでは決してない。

　こんにち神学者までふくめて多くの人が古代の教父たちや中世の神学者たちはギリシア哲学、とくにアリストテレス哲学の概念を援用して信仰の神秘ないし教義（ドグマ）を説明した、という言い方をするが、それは不正確で不適当である。彼らは信仰の真理をできる限り誤解に導くことのない人間の言葉で、明確に言い表そうと試みて、たとえば「同一実体的」という表現を採用した。しかし、彼らはこの表現を使徒たちのように「漁夫の言葉」として語ったのであって、決して哲学者や知者の言葉としてではなかった。

　ベルナルドゥスにとってもトマスにとっても、神学は確かに「信仰の知解」（intellectus

（95）参照。カール・ラーナー「三位一体に関する考察」『神学ダイジェスト』１２０、二〇一六年。

fidei）であるが、それは「神は何であるか」の探求が信仰から知識へと移行することでは決してない。むしろ信仰の神秘を可能な限り徹底的に知的に理解しようと努めることによって、そこに秘められている神の慈しみと知恵をよりよく悟り味わうことができ、信仰はまさしく信仰として完成されるのである。ベルナルドゥスが「三つのペルソナが一つの実体（ウーシア）であるという三位一体の一性は、すべての直（ただ）しい仕方で《一》と言われるもののうちで最高の一性である」と言明するのは、諸々の「一」と言われる事物を厳密かつ詳細に考察し、それらが「一」であるのは三・一なる神の最高の一性を何らかの仕方で分有することによってであることを確認したことに基づくものである。

それは確かに「信仰の知解」としての神学的探求の成果であるが、この成果は本質的には信仰であり、神への愛が呼び起こし、推進した知的探求を通じて完成された信仰の表明にほかならない。アウグスティヌスは『三位一体論』第一四巻において「真の至福へと導く最も救済的な信仰を生み、養い、守り、強化する[96]」ような神学のみが真の神学である、という趣旨のことを述べている。これが古代の教父たちから中世の神学者たちまでのキリスト教神学の本質的特徴であり、一貫した伝統であったことをわれわれは改めて想起すべきではないだろうか。

確かに神学（theologia）は「学（知）」（scientia）であり、「学」である限り教え・学ぶことが可能で、自らの主張の確実性を論証によって確立することができる。しかし、それは決して信（仰）から分離された知（識）ではなく、カントが考えたように信を押し除けることによって自らの領域を拡大するような知ではない。むしろ「信仰の知解」（intellectus fidei）としての神学という「知」は、信仰をまさしく信仰として完成することを目指すのであり、そうでなければ真の意味の神学ではない、と言うべきであろう。ここ地上の生において人間を真の幸福――永遠の生命――へと導くのは信仰であって、神学ではない。「神は己れの民を弁証学（神学）において救うことを嘉し給わなかった」（Non in dialectica complacuit Deo salvum facere populum suum）というアンブロシウス[97]の有名な言葉があらためて耳に響いてくるのである。

（96）Augustinus, *De Trinitate*, XIV, 1, PL42, 1037.
（97）Ambrosius（339-397）はミラノ司教としてアウグスティヌスを回心へと導いたことで有名であるが、その流麗なラテン語文体は高く評価されている。

第六章　「三・一なる神」から「人となった神」へ

Ⅰ　自己認識の深まりとしての「神」探求

1.「最終段階」としての問い

この章の表題は、われわれが進めてきた「神は何であるか」という探求の最終段階がたどるべき道程を示している。「三・一なる神」とは無からの創造、および罪人を（罪を単に「覆い隠す」のではなく完全に破壊することによって義人へと生まれ変わらせる仕方で）救済するという神のみが為しうる業によって、神が自らの本質を親密に告げ知らせた教え。そして「人となった神」とはその救済の業のために父なる神が世に遣わした神の子イエス・キリストを指す。つまり「神とは何であるか」と問うわれわれの「神」探求の最終段階、そして最も実り豊かな形は「キリストは何者であるか」と問うことである、というのがこの章の論旨である。

右に述べた論旨に対しては、ただちに、そのような仕方で進められる「神」探求を哲学あるいは知恵の探求と見なすことはできないという反論がつきつけられるに違いない。哲学的な「神」探求は神が「一」であることの認識でもって完結とすべきではないか、つまり人間理性による「神は何であるか」の考察は、「神は神である」ことをつきとめたところでひとまず完成されたと考えるべきではないか。なぜなら、神はわれわれが「神」という名で呼び、理解し、認識していることと合致する、というのが「神は神である」という同語反復的な命題の意味することであり、それはわれわれの認識が「神」と呼ばれるものそれ自体、つまり神の実体に「触れている」――「把握する」(comprehendere) という段階までは到達していないにしても――ことを意味するからである。

右の反論は、哲学的探求はどこまでも「経験と理性」に基づいて進めるべきであり、「三・一なる神」「人となった神」は「信仰のみによって」(sola fide) 肯定され、その上で知解を試みるべき神学的探求の対象である、という観点に立つ限り、反駁できるものではない。しかし、われわれは神が「一」なること、しかも最高度に「一」なることは「信仰のみによって」肯定される「三・一なる神」の「一」性、すなわち神は父・子・霊の三つのペルソナの交わりにおいて「一」であることに基づいて理解すべきことを学んだ。

2. キリストへの学び

この学びは私自身の経験に照らして言えば、形而上学的な自己認識を進めるのに大いに寄与する学びであった。私は神の「一」が「関係・交わり」であると知ったことで、自己、すなわち「人格(ペルソナ)」と呼ばれる精神的存在の中核は、じつは関係・交わりとして理解すべきことを教えられた。人格（ペルソナ）は他者との交わりにおいて生き、働きを為す存在であるにとどまらず、それ自体が交わり、すなわち対話的存在であるがゆえに、この交わりを限りなく拡げようとする根元的衝動を有することを理解したのである。

このような自己認識――それがきわめて素朴で幼稚な段階であることは十分承知しているが――を通じて私は形而上学的探求にとって必要不可欠な精神的存在を認識するための「知的視力」の発端を取得した。そしてそのことが、無限なる精神的存在である神の「何であるか」を知ることへのさらなる望みを呼び起こすことになった。私が三・一なる神におけるペルソナ的交わり――それは知恵と愛の交わりであると教えられたが――について可能な限りのことを知りたいと望むようになったのは、したがって、自己認識の深まりという方向においてであった。

そしてわれわれ人間の「生」が旅路であるのは、この三・一なる神の「知恵と愛の交わり」へと招かれていることによると知るに及んで、私は自己認識に始まる知恵の探求の深まりとしての「神」探求の最終段階は「人となった神」キリストを学ぶことでなければならない、と考えるようになったのである。なぜならキリストは「わたしは道であり、真理であり、命（いのち）である」(98)と宣言することによって、自らが三・一なる神を「顔と顔を合わせて見る」ことへと到りつくべき人間の旅路の最善の道連れであり、導きの星であることを証言した、と考えるからである。

このような言い方は「キリスト信仰」を前提として初めて成立する議論で、それを普遍的妥当性を持つ論拠とするのは論理的ではない、と批判する人が多いかもしれない。この批判に対して私は、自己認識から出発する知恵の探求の深まりとしての「神」探求を、どこまでも知恵の探求として推し進めようと試み、「神は何であるか」と問う知的探求を、「愛（アガペ）」である神と自分は「一」であると宣言し、その宣言を十字架の死に到るまで言葉と行いをもってのみでなく、まさしく「愛（アガペ）」そのものと言える自らの「生」をもって証（しよう）したキリストに学ぶことで完成しようと試みることは、理に適（かな）うのではないかと考えている。

Ⅱ　三・一なる神の業としての創造と救い

1. 必要不可欠な問いだろうか？

「神とは何か」と問う者が最初に手掛かりとして目を向けるのは、おそらく誰でもが神に固有の業、つまり神にふさわしく、神のみが為しうると認める業である天地万物の創造

（98）『ヨハネ福音書』14・6。

であり、次に人間を悲惨と苦しみ、そして罪の重荷から解放する働き、神のみが為しうる業であるすべての悪を滅ぼす救済の業であろう。なぜならこれら神のみが為しうる業を考察することによって、そのような業を為す神とはいかなる存在であるか、という理解に近づくことができると期待されるからである。

そして私がここで問うのは、そのような神に固有の業、すなわち創造と救済という業は、神は三位一体なる神であるという「神」理解とどう結びつくのか、ということである。言いかえると、最高に「一」なる神には父・子・霊という三つのペルソナの実在的な区別がある、という三位一体の教義は、これら神に固有の業を正確かつ厳密に理解するために必要不可欠なのか、という問いである。

2. 神自身の働きとしての創造

この問いに対する私の答えは、まず神による天地万物の創造について言うと、創造を正確かつ厳密な意味で「神の」働きとして理解しようと試みた場合には、三・一なる神、すなわち本質的に知恵と愛の交わりである神を理解しない限り、われわれは創造という神の働きに関して正確で適切な理解には到達できない、というものである。したがって、創造の働きの認識に基づいて「神は何であるか」の探求を進めることも不可能とならざるをえない、という結論になる。

右のような私の立場に対してはただちに猛烈たる反対論が浴びせられるに違いない。唯一なる神が天地万物を無から呼び出す創造の業を理解するために必要なのは、神には為しえないことはないという神の全能を証明することであって、三位一体論のような難解で深遠な神学理論を持ち込むことはまったく不必要であり、それはただ混乱と誤解を生み出すだけだ、という議論が大勢を占めるであろう。

私はこのような反対論が出てくるのはきわめて自然でもあり、また説得性があることも否定しない。しかしこの種の反対論はひとつの致命的な欠陥に蝕（むしば）まれている。それは創造をもっぱらこの世界の側から、すなわち神によって創造された結果である被造物の側から捉えるにとどまっている、という欠陥である。それは創造についての人間的認識である限り避けられない欠陥ではないかと言われたらその通りであるが、しかし創造という神に固有の働きを、被造物という有限な結果から原因への推論という仕方で認識しようと試みる場合、神的な創造という無限な原因の力の全体が有限な結果において完全に顕示されるのは不可能だ、ということは明白であろう。

したがってさきにも述べたように、神的創造を被造的世界において見出される「何らかの特殊な能動者によるある特殊な存在（エンス）の流出（emanatio）」から明確に区別して、「神という全体・普遍的な原因による存在全体の流出」(emanatio totius entis a causa universali, quae est Deus) と定義するのは、経験の領域でのみ妥当するカテゴリーの「経験を超える領域への濫用」というカント的批判は免れうるとしても、この定義は決して神的創造の実在的定義ではありえず、名目的定義にとどまると言わなくてはならない。

　哲学の歴史において神的創造の哲学的定義として評価されてきた定義を「名目的定義」の段階にとどまると言い放つのは僭越であると批判されるかもしれないが、私が言いたいのは、この定義は要するに被造物における神への絶対的な依存関係を言い表しているに過ぎず、神自身の働きとしての創造には何ら触れていないということである。

　たとえそこに「無から」という、神のみが為しうる業としての創造を明確に言い当てる言葉が付け加えられたとしても、それはわれわれが理解しうる「造る」という業――それは必ず先在する何ものかを含意する「変化」(mutatio) であるほかない――を全面的・徹底的に否定・排除するのみで、決して神自身の働きとしての創造に触れることはできない。神自身の働きとしての創造を解明するために用いられる「無から」はそれとはまったく違う意味であり、そのことについてはすでに触れたが、後でさらに説明する。

　われわれが必要とする神的創造についての理解は、「神は何であるか」というわれわれの知的探求を神の本性・本質そのものへ向けて進めることを可能にするような、神自身の働きとしての創造の理解である。ところで人間は「神は何であるか」を神の本性・本質そのものを把握するという仕方で知りえないことは言うまでもない。しかし、人間は自分たちが「神」と呼び、「神」として理解している存在とはどのような存在でなければならないか、ということについては漠然とした、一般的な仕方で知ることができる。それはわれわれが究極目的・最高善として自然本性的に追求している幸福について、その何であるかを漠然とした、一般的な仕方で知っていることからしてただちに帰結する——なぜなら人間が自然本性的に追求する究極目的・最高善こそ神に他ならないからである。

ここで人間が自らの人間としての真の幸福は何であるかを知ることは、そのまま神が「何であるか」を漠然とした、一般的な仕方で知ることだ、と述べたことは、さきにわれわれは神の「存在」を論証しようと試みるに先立って、神は「在る」ということを暗黙的に知っている、と述べたことと食い違うと感じる人があるかもしれない。

確かにそこでは神が「在る」と肯定することと神の本性・本質そのものを認識することの違いを強調するために、神は「在る」ということについてのわれわれの自然本性的認識は、神の「何であるか」についての認識ではないことを指摘した。しかし今の場合、人間の真の幸福とは最高善であることが前提されているのであるから、それからただちに帰結する神についての一般的認識においても、神の「善性」(bonitas)——つまり慈しみと豊かな恵みに満ちていること――の認識、その限りにおいて神の「何であるか」の認識が含まれているのである。

3. 創造の真の意味

要するに創造という神の働きを通じて神の「何であるか」の認識に近づくためには、創造を真に、そして厳密に「神の」働きとして理解しようと努めることが何より必要だ、ということである。「創造する」という働きは神に固有であり、「神」は「創造主」だという「神」理解はキリスト教においては常識とも言えるが、創造を神の本性・本質に適合するという意味でまさに神自身の働きとして理解し、説明しようとする試みは、私の知る限り、ほとんど無視ないし閑却されている。

「そんなことはない、現に『創世記』には『初めに、神は天と地を創造された』と記され、創造が神の業であると明記されているではないか」と反論する人が多いであろう。しかし私が言いたいのは、創造の業を神に帰しつつも創造の業そのものは天と地の生成とそこに住むさまざまの生き物の配置から神の像(かたどり)にむけて人間が男と女に造られたことでクライマックスに達する創造物語として解説されることが多く、この創造の業において顕示されているはずの神の最高の知恵や計り知れない愛という神の本性を読みとろうとする試みは稀だ、ということである。たまに神が創造の業の各段階を振り返って「善し」とされ、人間の創造についてはとくに「きわめて善し」とされたことに着目して、神による創造の業の是認を指摘する者があっても、そこから創造主である神の「何であるか」、すなわち創造の業そのものにおいて顕示された神の知恵と慈しみの探求を試みる者はあまりいないのではないか。

しかし創造という神に固有の業に関してわれわれが何よりも第一に理解しようと試みるべきことは、それが神の「何であるか」についてわれわれに教えてくれることではないのか。そして「無からの創造」と言われるときの「無から」(ex nihilo)という言葉はまさに「神は何であるか」を言い表すものと解すべきではないのか。

すこし創造に関するキリスト教の教義(ドグマ)の歴史に立ち入ると、前述のように「無からの創造」が信ずべき教義(ドグマ)として公式に宣言されたのは一二一五年の第四ラテラノ公会議においてであるが、その宣言において「唯一の真なる神は三位一体なる神であり、万物の無からの創造は《一なる根源》たる三位一体なる神の業である」と明確に言明されていることに注目したい。つまり「無から」という言葉は創造の働きが最高の知恵と限りない愛の交わりである「三・一なる神」の業であることを明確に示すために付け加えられている、と考えられるのである。「無から」は創造が神のいわば「自己贈与」の業であり、創造の業の全体が神の知恵と愛に基づくことを意味する言葉なのである。

このようにわれわれは「神は何であるか」という知的探求をできる限り推し進めようとする試みのなかで、神に固有の業である創造をどこまでも神の本性・本質を顕示する働きとして理解しようと努めることによって、創造とは「憐れみ深く、恵みに富み、怒ること遅く、慈しみとまことに溢れる[99]」神の業としてのみ正しく理解できることを見てとった。それは言いかえると、キリスト教思想史の全体を通じてさまざまに解釈され、論争も盛んに行われてきた――とくに近代においてはいわゆる「科学と宗教の闘争」の中で――神的創造について適切かつ厳密な仕方で理解する道は、神は父・子・霊という三つのペルソナの知恵と愛の交わりであると教える「三位一体なる神」の教義(ドグマ)に含まれている真理を探求し、もし可能ならばこの真理の「美」を観想し、味わうことだ、ということになろう。

ここでまた「観想」(contemplatio) という見慣れぬ言葉が出てきたのに困惑を覚える読者のために繰り返しになるが一言説明したい。本来「在るものを在るがままに見る」という意味のギリシア語「テオリア」がわが国では「理論」と訳され、理論は実践において有効・有用であることが立証されて初めて価値がある、という考え方が支配的である。しかし人間が精神的存在であることを真剣に受け止めるとき、人間の最高の働きは最高の能力を最高の対象へ向けて働かせる働き、すなわちテオリアだ、という古代ギリシア哲学以来の知恵の探求に支えられた教えが心に響いてくる。

今日われわれは「知は力なり」という近代的原則を過信して環境世界・自然を征服し、利用することに専念してきた過ちの代価を払わされている。それは言いかえると、前述した「知識」を知の全体と見誤った過失の帰結としての行動主義の行き詰まりであろう。そして行動主義の原則に代わるべき原則が、行動つまり人間生活の諸々の必要と欲望を充足するための労働によってかちとられた閑暇（スコレー）の正しい過ごし方としての「観想の優位」の原則ではなかろうか。

ギリシア哲学のテオリアがキリスト教思想によって継承されたとき、「在る」という言葉は神的創造との関連で鍛え直されたため、テオリア・コンテンプラチオの意味もそれに対応して変化した。その新しい「観想（コンテンプラチオ）」を私の尊敬してやまない聖者的詩人、卓越した霊的指導者、ヘルマン・ホイヴェルス神父は「創られしものを眺めつつ創り主の御心を味わう」という美しい日本語で定義された。私はこの意味での観想こそ神に固有の業としての創造を真実に、ということは、神の本性・本質に適合し、そしてそれを顕示する働き

(99)『出エジプト記』34・6。

として理解する道ではないかと考える。

4. 悪の問題

ところで、創造を三・一なる神、すなわち知恵と愛の交わりそのものである神の本性・本質に適合する、最高の知恵と限りない慈愛の業として理解する道を選びとった場合には、神の創造の業を救いの業から切り離して何か別次元の出来事のように考えるのはまったくの誤りであることが容易に判明するだろう。つまり創造をこの世界宇宙の始源に関わる自然史ないし世界史に属する出来事と見て、それとはまったく次元の異なった救済史に属する救いから切り離してしまうのは幼稚な誤りである。しかし創造と救いは共に神の業であることを認めつつも、創造につきまとう悪という深刻な問題のゆえに、創造主と救い主が同一の「一」なる神であることを否定する者がキリスト教の歴史の初期から存在したことも事実である[100]。

したがって、われわれは創造と救いは共に「慈しみとまことに満ちる」三位一体なる神の本性・本質に適合する業として、救済史に属することを確認した上で、創造から切り離しがたい悪の問題をも直視しなければならない。とりわけ、悪の存在は全能・最高善である神が存在し、その神によって世界が創造されたことと矛盾するという主張――この主張は前述のようにあらゆる無神論の原型とも言うべきものであるが——には根拠がないことを明確かつ説得的に示さなければならない。

そのような無神論の論駁のために従来提示されてきた形而上学的議論は次のようなものであった。すなわち悪の本質を、諸々の悪を生ぜしめる原因を徹底的に悪の究極的根源と言えるところまで追究し、それが決して最高善である神と対立する「根元悪」ではなく、むしろ悪はつねに何らかの善が蝕まれることで生ずる「善の欠如」(privatio boni) であり、極悪とされるものも悪それ自体の極限としての根元悪ではなく、むしろ最善なるものの堕落であり、善の欠如として理解すべきことを明らかにした。

言うまでもなくこの議論は悪が存在することを否定する楽観論・楽天主義——そのように誤解され、悪の深刻さに眼を閉ざす立場として非難されることが多いが——では決してない。むしろもろもろの悪の究極に在るものを探求して、悪とは善の欠如であると結論するのは、根元悪の実在を主張する立場と較べて、探求をより徹底的に進めたことの証しであり、もろもろの悪の存在は創造が全能・至善なる神の業であることと決して矛盾・対立するものではないとの確信に基づくものである。

(100) 前掲註(83)を参照。

ところで従来、至善にして全能なる神による創造は、創造された世界における悪の存在と矛盾するものではないことの説明として提示された論証は、次のようなものであった。すなわち、神の全能はもろもろの悪を転じてより大いなる善を生ぜしめうるのであり、例えば苛酷な迫害によって信者が被る苦難と悲惨は殉教の徳の比類なき輝きと栄光というより大いなる善を生みだす、という議論であった。この場合、現実にこの世界において生ずる悪は神がその原因ではなく、神はより大いなる善のためにそれらの悪を許容すると言われるが、それは神の全能を損なう一種の妥協のように受け止められる虞(おそれ)があるのではないか。

5. 悪の存在それ自体が神の全能を明示

私は、むしろ誤解されがちな神の「全能」をより適確に規定する道をとるべきだと考える。われわれは神の「全能」が最も明らかに顕示されるのは「無からの天地万物の創造」においてである、と考えるのがほとんど自明の理となっている。時間的・空間的にわれわれの想像力を超える広大な宇宙、しかも人知の限りを尽くしてもそこに秘められている知恵を解き明かすことのできないもろもろの事物と現象、これらすべてを「無から」一挙に呼び出す創造の力、これが神の全能の徴(しるし)でなくて他に何があろう、と思いたくなるのが普通ではないか。

しかしアウグスティヌスは「天と地を創造するよりも罪人から義人が造りだされることの方がより大いなる業である」と主張し、トマス・アクィナスも「罪の赦しはそこで造り出される新しい存在――神の本性の分有という永遠なる善――の偉大さのゆえに、天地創造よりもより大いなるものである」とアウグスティヌスの主張を根拠づけている。これは宗教的熱狂が生み出した誇張でも単なる逆説でもなく、ギリシア哲学とキリスト教信仰との出会いの結果、ギリシア哲学においては有限の領域に閉じ込められていた「存在(ある)」理解が無限へと拡大された、いわば「形而上学的革命」の一つの産物としての「大いなる逆説」と見るべきであろう。

それは言いかえると、神の「全能」が「天地・万物」という有限な事物の領域で妥当する偉大さの規準に基づいてではなく、「慈しみの愛・憐れみ深さ」という無限なる神の本質を規準として理解されるようになった、ということである。このように神の全能を、何よりも根元的に慈しみと恵みに満ちた神の憐れみ深さにおいて理解した場合、創造された世界に蔓延(はびこ)るもろもろの罪悪や苦痛は、確かに世界の秩序を歪め、混乱させるものではあるが、神の全能と矛盾し、それを排除するものではないことが明らかになろう。

なぜなら悪をすべて排除することなく、その存在を許容することは、神に背(そむ)く者とその業を力をもってただちに制圧し、消滅させないことであるからだ。神と悪との対立を力・対・力という図式で捉えた場合には、悪の存在は神の無力あるいは弱さを示すものと解されるかもしれない。しかし全能なる神の最大の業は罪人を義人たらしめることであり、神の全能は何より第一に罪を赦す神の憐れみ深さにおいて明示されることをわれわれが理解した場合には、神の無力や弱さを示すものと思われたことにおいて、逆に神の全能が顕示されるのである。

十字架にかけられて苦しみを極みまで苦しみぬき、神から遺棄されたままで死を迎えたイエス・キリストは人の目には無力と弱さそのものであった。その十字架のイエスについて使徒パウロは「キリストは弱さのゆえに十字架につけられましたが、神の力によって生きておられるのです(101)」と語り、また「神の弱さは人よりも強い(102)」と宣言する。つまり神はわれわれ人間の目には無力と見えるところにおいて真実に強いのであり、神の力は弱さにおいて顕示されるのである。

このように見てくると、「神とは何か」を問う知的探求はそれが推進されるのに比例して逆説や不条理の度合いが深まるように見えるかもしれない。しかしこのことは、ニコラウス・クザーヌス(Nicolaus Cusanus, 1401-1464)が神の啓示の下にわれわれが取得する神の認識を「対立の一致」(coincidentia oppositorum)という逆説的な言葉で適切に特徴づけたように、われわれの知的探求が「問題」(problema)の解決に関わる知識(科学scientia)の領域を超えて「神秘」(mysterio)の領域へとあえて踏み込むときには必ず直面する試練であり、われわれはそのことを次節で最も切実に経験することになろう。

Ⅲ 「神」探求と「人となった神・キリスト」

1. 「受肉」の神秘を導きに

この章の初めのところで「私は自己認識に始まる知恵の探求の深まりとしての『神』探求の最終段階は『人となった神』キリストを学ぶことでなければならない、と考えるようになった」と述べた。この後の論述はそのような私の考えをできる限り簡潔に説明しようとする試みである。「人となった神・キリスト」とは、「神はわれわれの救いのために人間となられた」という、前節で述べた神的創造の業の完成としての救いの業[103]そのものを言い表す言葉である。この救いの業は『ヨハネ福音書』の冒頭で「初めに言(ことば)があった。……言

(101)『コリント人への第二の手紙』13・4。
(102)『コリント人への第一の手紙』1・25
(103)救いの業が創造の業(creatio)の完成であることは、それが「再創造」(recreatio)と呼ばれることにも示されている。

は神であった。……万物は言によって成った」と神の永遠の言による創造の業に触れた後で、「言は肉となって、わたしたちの間に宿られた[104]」と記されているのに基づいて「受肉（托身）の神秘」と呼ばれる。

　私はここで「受肉の神秘」、すなわちイエス・キリストはわれわれ人類の救いのために人間となられた神である、という教義の神学的解説に立ち入ることはしない。むしろ私は「神は何であるか」という知的探求の最終段階は「キリストは何者であるか」と問うこと、すこし視点を変えて言えば、「われわれの救いのために人間となられた神」キリストに学ぶこと――キリストの倣び（Imitatio Christi）――である、という、おそらく多くの読者に独断的ないし独り善がりと響く立場を私自身がとるようになった経過を説明したい。

　言うまでもなく「受肉の神秘」は「信仰のみによって」（sola fide）真理として受け止められ、肯定される神の教えであるが、これもさきに述べた理由によって、私はこの教えをどこまでも万人に対して開かれた知恵の探求を導く道として受け止め、「神は何であるか」を問う知的探求を進めて行くことを改めて明らかにしておきたい。したがってこの先、信仰のみによって肯定される「信仰の神秘」に度々言及するが、それらはあくまで知的探求を導く知恵の言葉として語られていることを了解していただきたい。

2. 神が人と「なった」のはなぜか

まず「人となった神」「神は（われわれの救いのために）人間となられた」などの、誤解を招くと言うよりは、われわれが理解しようとする試みをまったく受けつけない、と言いたくなる表現について基本的なことを述べておきたい。

この表現は言うまでもなく可変的・物体的な世界で起こり、観察される変化・生成と同じようなことを意味するものではありえない。むしろこの表現は例えば新約聖書の中で、神はわたしたちが（神のいのちを）生きるようにとその独り子を世に遣わすほどわたしたちを愛された、[105]と記されている、愛に満ちた神の行為・業を指すものと解すべきであろう。

しかし「人になる」という行為は、神の諸々の驚くべき業のなかでも「最も驚くべき不思議な業[106]」（opus mirabilissimum）として受け止めた場合でも、なおわれわれをその極度の不条理と逆説のゆえに困惑と混乱の底に陥れ、閉じこめてしまう。この困惑・混乱から逃れ出る道は、アタナシオス、アウグスティヌスを始め、古代から中世に到る神学者たちが

（104）『ヨハネ福音書』1・14。
（105）『ヨハネ福音書』3・16、『ヨハネの第一の手紙』4・9。
（106）Thomas Aquinas, *Summa Contra Gentiles*, IV, 27.

口を揃えて神のこの不可思議な業の意味について語った次の言葉であろう。「神が人間になり給うたのは、人間が神に成るためであった。[107]」人間が神になるとは、神の特別の恵みによって神の本性に十分に与ること、[108]その意味で人間が神化（deificatio）することを意味するが、それは言いかえると神の永遠の生命を与えられることであり、神の生命によって生きるという人間の究極目的・最高善である幸福に到達することを意味する。

　したがってアウグスティヌス（および古代から中世に到るキリスト教思想家たち）は「神が人間になる」という人間理性にとっては矛盾そのもの、不条理の極みとしか言いようのない神の不可思議な業を、神が自らの像たることへ向けて創造した人間を悲惨な状態から救い出し、神自らの生命と幸福に与らせようとする神の限りない慈しみと豊かな恵みに満ちた愛の顕示として受け止め、そのように理解したのであった。

3. 不条理こそは神の愛

　万物の創造主であり、無限、永遠、全能、最高善などあらゆる完全性の形容詞を並べても足りない超越的な絶対者が一個の有限な人間に「なる」という不条理、アウグスティヌス宛てのヴォルシアヌス書翰の表現を借りると「泣きわめく幼児の小さな身体のうちに、宇宙もそれに較べれば小さいと思われる方が隠れ、その間、かの宇宙の支配者である方が、御自身の座を離れ、全世界に対する配慮が一つの小さな身体の方に移される」[109]という不可解な謎。それはじつは人間があらゆる悲惨と罪悪から解放され「神になる」ためであった、という洞察と慰めに満ちた古代キリスト教父たちの解釈は直ちにイスラムやユダヤの陣営からの激しい攻撃に曝(さら)されることになった。

その要点は、神は全能であるから命令一つで人類の罪をすべて消滅させ救いを成就できたはずであるのに、なぜ、いかなる必要性のゆえに、人間本性の卑しさを身につけたのか？　もし命令一つではそれはできなかったというのなら全能を否定しなければならず、他方（そのような単純な仕方で）できたのにそれを望まず、あえて愚かとも思えることをしたというのなら、知恵を否定しなければならない、というジレンマであった。

これに対してカンタベリーのアンセルムス（Anselmus, 1033-1109）は『神はなぜ人間となられたか』（Cur Deus Homo）において、神が人間となり給うことは人類の救いのために必要であったことを（論敵が無視する）新約聖書にいっさい触れることなく、必然的論証のみに基づいて確立するという大胆な神学的企図を成しとげた。つまり彼は右のジレンマ

（107）Augurtinus, *Sermo*, 128, PL 39, 1997.
（108）『ペテロの第一の手紙』１・４。
（109）Augustinus, *Epistola* 135, PL 33, 513.

を、論敵が無用で愚かだと見做した人類の救いのための神の業は、実は真実に必要であったことを明確に論証することによって論駁したのである。

その要旨は、まず論敵が神と人間との間に悪魔を介在させて、人間の罪は悪魔が一種の勝利によって人間から勝ちとった権利だから、人間は悪魔に何らかの代価を支払わなければならない、といった問題を一掃した。アンセルムスは罪を人間の神に対する背き（offensa）であるとし、この背きはそのまま神の不興（offensa）であるとした。したがって人間は罪の赦しを得るためには、人間自身が神の不興を好意（gratia）に転じさせなければならない。しかし無限な神の不興を好意に転じることは有限な人間にはまったく不可能であり、唯一の可能な道は神が人間になることによって、神の力でこの罪を贖うことであり、神の言の受肉はそのために必要であった、とアンセルムスは論を進めたのであった。このようにアンセルムスは自分に突きつけられたジレンマの二つの角を反転させ論敵を突き返すという見事な弁証論的離れ業によって解決したのであった。

私自身の経験を語ることを許されるのであれば、敗戦後に出版された長澤信壽訳『クール・デウス・ホモ（神は何故に人間となりたまひしか）』（岩波文庫）を旧制高等学校の学生だった私は偶然手に入れ、ちょうどラテン語に興味を持ち始めていたので「クール・デウス・ホモ」（何故・神・人間）と、副詞「何故」に二つの名詞を加えただけで「神は何故に人間となりたまひしか」と読めることに感心して読み始めたのを覚えている。この時どのような読後感を持ったのかは定かでないが、最後の頁の余白に「われらは与えられたるが故に人間性を持つが、神の子は人を愛するが故に人間性をとり給う……」という走り書きがあるので、「何故に」という問いに対する答えは「人類への愛」であったことに強く印象づけられたことは確かであろう。

ここで注意しなければならないのは、アンセルムスは、新約聖書の権威を否定してイエス・キリストが人類の救いのために人間になった神であることを信じない論敵を反駁するためにこの書物を書いたので、「神が人間となる」ことは人類の救いのために必要だったことを必然的論証のみを用いて示した。しかし彼自身は「神が人間となる」という不可思議な神の業は「信仰の真理」であって、人間理性のみによっては肯定も論証もできないという立場であったことは言うまでもない。

言いかえると、この書物でアンセルムスが人間固有の認識能力である自然的理性の働きのみによって論を進めているのは、「知解を求める信仰」(fides quaerens intellectum) という彼自身の神学的立場に基づくものであった。したがってアンセルムスはここで人類の救いという救済史的観点に立った上で、「神が人間となる」ことの「何故」を問い、その必要性を明らかにしているが、「神が人間となる」のは根本的に神自身の本性・本質と同一の

「神の業」であり、何より第一に神の業として理解すべきことは十分に承知していた、と考えるべきであろう。

言いかえると、「何故」と問い、その必要性を論証するに先立って、「神が人間となる」という極度の不条理、不可解な謎とも思えることは、じつは神の本質に適合、合致する「神の業」であることを確認すべきなのである。そして先に述べたように、アウグスティヌスを始め、古代・中世のキリスト教神学者たちが「神が人間になり給うたのは、人間が神になるためであった」と宣言した時、彼らは人類の救いのためにはそのことが必要であったという「必要性」を確立することよりも、むしろこの不可思議で不可解な神の業は神の限りない慈しみと豊かな恵みに満ちた愛の顕示であることを自覚し、心に刻みつけることに関心があった、と言えるのではないだろうか。

4. 理性で神秘を計ることのあやまり

この節の初めのところで私は「受肉(インカルナチオ)の神秘」すなわちイエス・キリストはわれわれ人類の救いのために人間と成られた神である、というキリスト教の中心的教義(ドグマ)の神学的解説には立ち入らないで、「神とは何であるか」という知的探求の最終段階はまさしくこの「受肉の神秘」をもってわれわれの世界に登場したイエス・キリストは何者であるか、と問うことでなければならない、という私自身の立場を説明したい、と述べた。この説明自体は次節で始めるが、ここでは「神とは何であるか」という問いをめぐる知的探求の最終段階は「キリストは何者か」という形をとることについて、すこしでも読者の理解を得られるように一、二、基本的な事柄を述べることにしたい。

その第一は「受肉の神秘」とキリスト教信仰との結びつきに関する疑問に答えることである。「受肉の神秘」がキリスト教の中心教義(ドグマ)であるのは、この教義こそキリスト信者が信じ、それを信じることによってキリスト信者であるところの福音そのものだからであるが、それは言いかえればこの教義は神が自ら「神は何であるか」を教えた啓示の最終的な仕上げであり、最高の完成だからである。

もし「キリスト教は知っているが『受肉の神秘』など聞いたこともない」と言う人がいたら、私は「貴方はクリスマスとイースターというキリスト教の祝日があり、それらがキリストの誕生と復活を記念する日であることは御存知ですね。実はこの二つの祝日が貴方に語り告げているのが、貴方が聞いたこともないと言う『受肉の神秘』そのものです」と答えよう。

クリスマス、すなわちイエス・キリストのこの世界への登場においてわれわれに示されるのは彼の文字通り赤裸々の人間性である。そしてイースター、すなわち十字架の死の三日後のキリストの復活、より厳密に言うと復活したキリストが弟子たちや多くの人々の前に出現したことに続く「昇天」も含めての、キリストの「高挙（こうきょ）」においてわれわれに示されるのはまさしくキリストの神性にほかならない。クリスマスとイースターは決してイエス・キリストのこの世界への登場と、この世界からの退場を記念する日にとどまるものではない。むしろこの二つの祝日は、われわれの救い主キリストの人間性と神性とをしっかりとわれわれの心に刻みつけて、受肉の神秘、すなわちキリストは人となった神であり、真の神であって真の人間であること、そこに秘められた神の限りない慈しみと計り知れぬ豊かな恵みを味わうことへの招きなのである(110)。

もう一つは受肉の神秘の教義（ドグマ）と神学がキリスト教の歴史の中で成立した経緯の解説である。「受肉の神秘」すなわち神がわれわれの救いのために人間となり給うた、という神の最も不可思議な業の意味を深く考察した古代の教父たちが最も重視したのは、神が自らを虚（むな）しくして人となるところまでへりくだったことにおいて示された神の愛であり、それは人が（神性に十分に与（あずか）って）「神と化する」ところまで高められ、永遠の生命を得て至福に達するのを望むほどの大いなる慈しみと恵み深さである、ということであった。

このように受肉の神秘は「神は愛（アガペ）である」というキリスト教の教えの核心に触れるものであり、キリストの福音そのものであるにもかかわらず、キリスト教の歴史の初めからこれに異を唱える者が存在し、「人となり給うた神」キリストの神性もしくは人間性を様々の仕方で否定する論者がつぎつぎと現れ、絶えることがなかった。これらの論者は受肉の神秘が信仰の真理であり、われわれはその光の導きの下に理性による知的探求を進めるべきことを悟らず、むしろ人間理性によってこの神秘を解き明かし、合理的に説明しようと試みてさまざまの誤謬に陥ったのであった。

このような神学的論争は三世紀までは概して局地的な規模にとどまっていたが、四世紀の初め、アレクサンドリアの司祭アリウス（Arius, 250-336）が唱えた「肉となった言は父によって創造されたものであり、言が存在しなかった時がかつて在った」という説は、アレクサンドリアでは公式に非難されたにもかかわらず、急速に当時のキリスト教世界全域を席巻する勢いとなったため、皇帝コンスタンティヌス一世は混乱収拾のために帝国の司教たちを三二五年ニカイアに召集した。これが教会全体が関わる（ただし西方教会からの参加司教の数は貧弱だったとされる）第一回普遍的公会議であり、アリウス説を明確に斥けるニカイア信条を採択して閉会した。

（110）クリスマスはイエス・キリストの誕生日である、と世間に告知するのは「福音宣教」としては全く不十分であり、いかに困難であっても受肉の神秘について証言するのがキリスト信者にはふさわしい、と私は考えている。

しかしこれによってアリウス説が姿を消してしまったのではなくて、公会議はむしろ次の世紀まで続いた激しい教義論争の出発点となった、と言うべきであろう。実際にこの後、三八一年の第一回コンスタンティノポリス公会議、四三一年のエフェソス公会議、四五一年のカルケドン公会議と続く四つの公会議はすべて根本的にアリウス説の完全な克服をめざすものであった。そのため三・一なる神に関する教義（聖霊論、「神の母」マリア論も含めて）の確定に続いてキリスト論、つまり（神である）言が肉になった受肉の神秘に関する教義が確定される運びになったのである。

5. カルケドン信条の核心部分

私はニカイアからカルケドンに到る教義論争、そしてカルケドン公会議において受肉の神秘が信ずべき教義として明確に定義されたのを受けて始まった、この信仰の真理をどのように理解すべきかに関わる神学的探求について解説することはできないと繰り返し述べた。しかしカルケドン公会議は受肉の神秘というキリスト教の核心的な教義をいかに定義したのか、そしてこの定義のどこがそれ以後の神学的探求によって解明されるべき中心課題となったのか、この二点に触れずに済ませることは、恐らく説明回避の誹りを免れないと思われるので、その責めだけ果たしておきたい。

カルケドン公会議はイエス・キリストの人間性と神性をめぐって提示されたさまざまの異端説に対抗して、使徒的伝承[111]（traditio apostolica）に忠実なキリスト信仰を定義した。カルケドン信条の定義（原文はギリシア語とラテン語）の核心的部分は次の通りであった。

「一にして同一のキリスト、主なる御ひとり子は二つの本性において混合・変化・分割・分離なしに在り給うと認識すべきであり、合一のゆえにけっして二つの本性の差異が取り去られることなく、むしろ各々の本性の特質は保持されつつ、一つのペルソナ、一つの自存へと合致しているので、彼は二つのペルソナへと分離あるいは分割されたものではなく、一にして同一の御ひとり子、神のみことば・主なるイエス・キリストであり、それはさきに預言者たちが彼について教え、そしてイエス・キリスト自身がわれわれに教え給い、また教父たちの信条がわれわれに伝えた通りである」

（111）「使徒的伝承」あるいは単に「伝承」と呼ばれるものについては神学的に色々な議論があり、特に「宗教改革」以後は聖書との関係が問題となるが、私はここでは使徒パウロが『テモテへの第一の手紙』（6・20）で「テモテ、あなたに委ねられたものを守りなさい」と戒めるときの「委ねられたもの」すなわち「信仰の遺産」（depositum fidei）を指すものと解しておきたい。

この信条の定義においては「本性」(natura)、「自存」(subsistentia)、「ペルソナ」(persona)のように、神学的三位一体論やキリスト論などで用いられる哲学的用語は用いられているが、一読してわかる通り、この文章はまさしく平明率直で素朴な「漁夫の言葉」であり、これを「福音のヘレニズム化」「イエス・キリストの教えのギリシア哲学化」と評した教義史の大家は何をここに読み込んでいたのか、と言わざるをえない。

6. 中心課題としての「受肉の神秘」

じつを言うと、カルケドン公会議のこの定義はエルサレムで安息日に病人を癒やしたイエスを、ユダヤ人たちが、安息日を破ったのみでなく、神を自分の父と呼び、自分を神と等しい者とした冒瀆の罪の廉で殺そうといきりたった時、イエスが自らの何者であるかを明らかにした言葉そのままなのである。イエスは「わたしは天から降ってきたいのちのパン(すなわち人々に永遠の生命を与える救い主)である」、と繰り返し語り、「わたしと父(なる神)は一である」[112]と明確に宣言し、ユダヤ人たちが神の名として崇めてきた「わたしはある」[113]をあからさまに自らの名前とした。

カルケドン信条はそれと同じことを、誤解が入り込む余地がないように、いわば一語一語嚙んで含めるような調子で述べており、確かに使徒たちがイエスから聞いたことをそのまま伝える言葉という意味で「漁夫の言葉」だと言える。しかしそれは言いかえると、人間の理性によっては到底理解できないことを何の説明も、解釈の手掛かりもなしに告げることにほかならない。

例えば、この定義を文字通り真理として受け止めた者は、イエス・キリストに関しては「神は人間である」「人間は神である」という明白な矛盾を肯定せざるをえなくなる。なぜならこの定義は、真（まこと）の神であって真の人間であるイエス・キリストは一にして同一の存在（エッセ）を有しつつ（一つの「ペルソナ」一つの「自存」でありつつ）、その神性と人間性は明確に異なったものである、と主張するのであるから、キリストに関しては論理的に「神は人間である」「人間は神である」という明白な矛盾が成立するからである。

この明白な矛盾、極度の逆説は、そのような明白な矛盾を含むと見える神の業は「神でありながら自らを虚しくして人間となるところまでへりくだった[114]」キリスト、そのキリストの「目が見もせず、耳が聞きもせず、人の心に思い浮かびもしなかった[115]」ほどの限りな

(112)『ヨハネ福音書』6・35、51。10・30。
(113)『ヨハネ福音書』8・24、58。
(114)『フィリピ人への手紙』2・6―8。
(115)『コリント人への第一の手紙』2・9。

い慈しみと恵み深さに満ちた愛（アガペ）の証しであると信じる者にとっては何の躓（つまず）きにもならなかった。しかし使徒たちから伝えられた教えを、その意味を理解した上で真理として受け容れることを望む多数の人々にとっては、この定義から帰結せざるをえないと思われる明白な矛盾は、信仰への大きな障碍（しょうがい）であった。

この障碍を除去して信仰への道を開くためには「受肉の神秘」という使徒たちから伝えられた信仰の真理をできる限り知的に探求し、そこに含まれている真の意味に光を当てる必要がある。それが古代から中世に到る東西教会の神学者たちが直面したキリスト教神学の最も重要な中心的課題であった。

「受肉の神秘」というキリスト教の中心的な教義（ドグマ）、およびこの教義（ドグマ）を可能な限り知的に理解することをめざす神学的探求（それは決して信仰を知識へと移行・解消させようとする試みではなく、教義の意味するところを可能な限り理解することを通じて神の愛と知恵に触れ、信仰をまさしく信仰として完成することをめざす）についての右の簡単な解説が単に解説すべき問題の所在を指摘したのみのものであることは断るまでもない。私自身、キリスト教神学の中心問題であると同時に、神的存在と有限な人間的存在の合一という存在論的に言っても他に比べるもののないほど興味深い問題として、関心を抱き続け、研究を行ってきたが、これまでのところ、一、二の断片的な研究成果を発表したにとどまっている。(116)

(116) 参照。拙著『神学的言語の研究』創文社、二〇〇〇年、特に第八、九章。拙稿「『キリストの存在論』試論」『純心人文研究』16、二〇一〇年。「トマス・アクィナスの存在論の一解釈 ──『存在(エッセ)』の形而上学と受肉の神秘」『日本カトリック神学院紀要』5、二〇一四年。

第七章　キリストは何者か

1. キリストなくして神はない

「神とは何か」と問うわれわれの知的探求の最終段階は「キリストは何者であるか」と問うことだ、とこれまで繰り返し述べてきた。この問いは「人となった神」イエス・キリストの神秘に向けられたものであり、言葉を交わし、手で触れることのできる身近な存在が、「目が見たことも耳が聞いたことも人の心に浮かんだこともない[117]」と言われる深遠な秘密であるような神秘である。ではなぜ「神とは何か」という万人の普遍的関心を言い表す問いを「キリストは何者であるか」という特定の限られた人だけの関心事と言うべき問いで置き換えることに固執するのか、説明の必要があると思われる。

私は今でも七〇年ほど前のある日曜日の朝、上智大学の大教室で聴いたヘルマン・ホイヴェルス神父のミサ説教を鮮明に記憶している。その説教は「三人のドイツ人が神不在の現代社会の出現に影響を与えました」という言葉で始まった。まず改革者ルターがキリストの体である教会を否定したが、それはキリストを神から切り離すことだった。なぜなら、キリスト信者は教会において、とりわけミサに与ることによって神であるキリストに出会うからである。

ついで詩人ゲーテが敬虔さにあふれる、しかしキリスト不在の宗教的霊性を拡めた。そして最後に哲学者ニーチェが「神は死んだ」と宣言した。つまりニーチェが宣言した「神の死」はルターとゲーテによる神とキリストの切り離しによって準備されたものだ、という趣旨の説教であった。

私にはこの説教の内容が精神史的に妥当か否かを問題にする資格はない。ただ、ドイツ人である神父が同じドイツ人の、しかもそれぞれの分野で偉大な足跡を残し、現在も多くの崇拝者を持つ人物（ホイヴェルス神父自身、詩人ゲーテを高く評価しておられた）について厳しい歴史的判断を下されたことに大きな感銘を受けたのは確かである。そしてここでこの説教に触れたのは、たとえ間接的にではあっても神とキリストを切り離すことは、神の否定という帰結を招くことになる、というホイヴェルス神父の洞察の重要性に注意を向けたかったからである。

ルターは「聖書のみ」によるキリスト信仰を熱烈に力強く説いたが、人となり給うた神キリストがそこに現実に現存する教会を排除した後の「キリスト信仰」はその本来の現実性と生命（いのち）を保持できるのか……これがホイヴェルス神父の説教の重要なメッセージであったと私は思う。

おそらく多くの読者にとって、イエス・キリストは人類の救いのために人となった神で

（117）『コリント人への第一の手紙』2・9。

あるという「受肉の神秘」は、われわれの人間的思考や想像の範囲を完全に超え出る逆説・謎であって、それは神が自らを虚しくして人となるところまで——しかも十字架の死に到るまで——へりくだることによって示した、神の限りない慈しみと恵み深さの啓示である、とどんなに強調されても、それを受け容れることは決して容易ではないであろう。

しかし私はこの「受肉の神秘」の啓示によって、キリスト教の中心的なメッセージ、すなわち福音そのものである「神は愛である」という言葉が文字通り「現実的（リアル）」になり、われわれにとってきわめて親密なものになった——この点が最も重要だと私は考えている——ということは、「神とは何か」を問うわれわれの知的探求にとって一つの決定的な転回点であったと考えた。そしてこの転回とはそれまでの「神とは何か」という問いを「キリストは何者であるか」という問いで置き換えることを要求するほどに決定的なものであった、と考えたのである。

このことを広く知られているイエス・キリストの十字架の死を例にとって考えてみよう。『マタイ福音書』によるとその前夜、弟子たちを伴ってゲッセマネの園に退いたイエスは、独り離れた所で深い悲しみに打ちひしがれながら祈り、「父よできることならこの杯（明白に迫っている十字架の受難）をわたしから過ぎ去らせて下さい。しかしわたしの願いどおりでなく、御心のままに[118]」と父なる神に請い求めたという。そのイエスが十字架にかけられ、苦痛、軽蔑、親しい者との別れ、などあらゆる苦しみの末に「わが神、わが神、なぜわたしを見捨てられたのか[119]」と父なる神に遺棄された歎きの叫びを発したほどに、彼が蒙った苦難は限りなく苛酷で、彼がわれわれの救いのために棒げた犠牲は計り知れぬ大きさであった。

ところで私が問いたいのは、このイエス・キリストの十字架の受難が「神は愛である」と言われる、その神の愛の最も顕著な徴(しるし)であることの真実の根拠はどこにあるのかである。「受肉の神秘」を否定ないしは無視して、イエスは「ただの人間」(homo purus)であると主張する者にとっては、十字架上で限りない苦難を苦しみ抜いたのは人間イエスであるという明白な事実を確認した上で、それがどのような意味で神の愛の徴であるかを各人の聖書解釈に基づいて説明することで事は終わる。

他方、神はわれわれの救いのために人間になり給うた(「受肉の神秘」)という教えを受け容れ、その光の下にイエスの受難の意味を思いめぐらす者にとっては、「人となった神」イエス・キリストにおいて人間性と神性、すなわち二つの本性はその差異と特質を保持し

(118)『マタイ福音書』26・39。
(119)同、27・46。

つつ一つの（神的）ペルソナにおいて合一し、一にして同一の主なるイエス・キリスト[120]なのであるから、十字架に釘づけにされて極度の苦しみを蒙っているのはまさしく神なのである。言うまでもなく、神は自らに固有の本性である神性においてではなく、自らが受容した人間性において「苦しみと死を蒙る」のであるが、「神が苦しむ・死ぬ」ことにはいささかの変わりもない。

しかし「受肉の神秘」を信じ「神が苦しむ・死ぬ」ことを肯定する者にとってイエス・キリストが十字架上で発した神に遺棄された歎きの叫びをどのように理解すべきかは、神学者の間で論議され、見解の対立が今でも解消されていない難問であった。代表的な見解は、イエスが蒙った苦難が最大のものであったとしても父なる神の最愛の子が絶望して遺棄への歎きを訴えるはずはない。この叫びは『詩編』22の冒頭の句の引用であって、歎きはやがて希望と悦び、主への賛美をもって終わるのであるから、イエスが十字架上で最後に発したとされる叫びも、当の詩編が全体として表現し、伝えようとしているメッセージに基づいて理解すべきである、というものであった。

この見解は興味深いが、問題は父なる神の最愛の子、真の神であるイエスが――あたかも「ただの人間」（homo purus）であるかのように――絶望の叫びをあげるはずはない、なぜなら神は全能であり、全知であるのだから、という前提がこの種の見解を歪めているのではないか、ということである。これはキリスト教思想のなかで神と人間との（存在あるいは働きにおける）合一・協働――例えば超自然と自然、恩寵と自由意思――に関してつねにさまざまの形で論議されてきた問題であり、要するに神と人間が「一」になることによって、どちらかの本性が損なわれるのではないか、例えば救いの業において神の恩寵がすべてであるなら、人間の自由意思は完全に排除されるほかないのではないか、という議論である。

イエスの十字架受難に関して確認すべきことは、人間イエスが蒙る最大の苦難はイエスが真の神であることによっていささかも軽減されることはない、すなわち彼において神性と人間性はいささかもそれぞれの完全性を損なうことなく、完全に「一」であるということである。これは測りがたい神秘であるが、その真理が確認される限り、イエスの遺棄の歎きの叫びは、なんらの妥協も譲歩も介入することなく真実の遺棄を歎く叫びと理解することが可能となるのではなかろうか。

このように見てくると、イエス・キリストを「ただの人間」と解する者、つまり「受肉の神秘」という光の下で「キリストは何者であるか」と問おうとしない者にとっては、キ

(120) 第六章で一部を引用したカルケドン信条の「定義」を参照。

リストの受難との関係で語られる「神の愛」は、つきつめたところ主観的・観念的であって、われわれがそこで神の「何であるか」に親密に触れることになる、現実的で実在する「神の愛」とは言えないのではないか。

私自身は「神とは何か」と問う神の知的探求においては、探求されている神が現実的な実在する神であるか、思考・想像の領域における観念的な神であるか、という区別はきわめて重要である、と考えている。私がこの区別の重要性に気付いたのは、（讃美歌）「み恵みある光よ」という英文学史上でも類い稀な抒情詩の秀作の作者としてわが国でもよく知られているニューマン枢機卿（Cardinal John Henry Newman, 1801-1890）の著作『承認の文法』（*An Essay in Aid of A Grammar of Assent*, 1870）によってである。

卓越した思想家・神学者であったニューマンはこの著作の中で、学識ある聖書中心主義者の多くに見られる「観念的承認」（notional assent）と、素朴無学ながら信心深い信徒（もちろん、卓越した学識と豊かな聖性を備えた人物を除外するのではなく）の信仰を支えている「現実的承認」（real assent）との差異を鮮やかに示している。私はニューマンが、ロック、ヒューム、ミルなどの経験主義的哲学者が輩出した英国の思想家らしく、つねに経験的事実に基づきつつ、具体的に論を進めていることにとくに感銘を覚えたのを記憶している。

「信じる」という選択的な行為を呼び起こし、直接に支える知的な働きが「承認」

(assent)であるが、ニューマンの言う「観念的承認」と「現実的承認」はほぼ次のように理解できると思う。キリスト信者の間で「信仰」と呼ばれているものには二つの種類があって、一つは教養や学識のある人が聖書を熱心に学んで、自らがそれに基づいて生きるべき自覚的信念として形成した信仰、もう一つは何らかの仕方で伝えられた神の言葉が、聴く者においていわば「受肉」して——というのは、その人が自然・素朴に信じている「神」が、その自然な素朴さはそのままに、超自然的な神の認識へ向けて完成されて——神は現実に実在する神として受け取られるようになる、という仕方で生まれる信仰である。前者が「観念的（ノーシオナル）」（思考や認識の領域に属するという意味であり、空虚というニュアンスはない）承認に基づく信仰であり、後者が「現実的（リアル）」（「ここで・今」経験される現実よりも、より現実的（リアル）な実在）承認に基づく信仰である。

2. 神秘を知的に探求する

このように、私が「神とは何か」と問う知的探求の最終段階は「キリストは何者であるか」という問いの形をとるべきことに拘泥（こだわ）る理由は、われわれの知的探求を真に実在する神へと秩序づけたいという単純・素朴な願望のみである。それは決して探求の目標が「神」から「キリスト」へ変わることではなく、自己認識の深まりとしての「神」探求がその最終段階でより適切な仕方で行われることが可能になった、ということである。なぜならば、「キリストは何者であるか」と問うことによって神の知的探求を進めることは、神が自らを最も親密に啓示した「受肉の神秘」の光の下に探求を行うことだからである。

しかし信仰によって肯定した神的啓示に基づいて考察を進める神学とは違い、啓示を視野に入れつつも、自己認識の深まりとして、つまり知恵の探求として「神」探求を進めようとする者は、どのように「受肉の神秘」すなわち「人となった神」キリストの神秘に近づくことが可能なのか。普通、信仰をもって受け容れた神的啓示に基づいて考察を進める神学的キリスト論、いわゆる「上からのキリスト論」に対するもう一つの選択肢は、実証的な科学的研究の成果に基づいてキリストの実像に迫ろうとする「下からのキリスト論」であるとされる。わが国の学界や知識人の間で広く支持されているのは、私が知る限りこの「下からのキリスト論」のようである。

私は神学者ではないので神学的キリスト論を解説することはできないが、信仰を除外した上で実証科学――単に歴史学や文献学のみではなく社会学、人類学、心理学をも含む総合的人間科学――の成果のみで徹底的にキリストの実像を厳格・精密に描き尽くそうと試み、なお満足できない場合には信仰に基づく洞察を導入する、という立場にも与することはできない。私はむしろ「神」探求において人間理性が極度に無力で謬(あやま)りやすいと自覚し、当初から信仰の導きに自らを開いた上で、キリストの「神秘」を知的に探求する第三の道が可能であると考える。具体的に言うと、すべての福音書が記しているように、イエス・キリストに「あなたたちはわたしを何者だと言うのか」[121]とパーソナルに問いかけられた弟子の立場に身を置いて「キリストは何者であるか」を探求する道である。

この知的探求は根本的に「キリストの神秘」すなわち「受肉の神秘」の探求であるが、神秘を知的に探求するとは、一見明白な矛盾（この場合、キリストは「真の神」であって、なおかつ、「真の人間」でもあるという矛盾）である神秘を、ある意味でわれわれにとって最も親密かつ自然に受け取られる現実でありつつ、いったんそれを理解しようとすれば限りなく秘められた、容易に計り知ることのできない謎・逆説として捉えることである。私自身は高校生の頃読んだ一冊の書物の影響で「キリストの神秘」を知的に探求しようと試みる者はまず「イエスの秘密」（と私が仮に呼ぶもの）に心を向けるべきではないか、という考え方にたどり着いているので次にそれについて述べたい。

（121）『マタイ福音書』16・15、『マルコ福音書』8・27、『ルカ福音書』9・20、『ヨハネ福音書』6・68－69。

3. キリストの「神秘」を開く鍵が「イエスの秘密」

イエスの「秘密」とは聖書には記されることのなかったイエスの私生活の秘められた事実といった類いのものではない。それとは正反対に、福音記者たちに記す力があったならば真先に福音書の中心テーマとしたに違いない、イエス・キリストの存在そのもの――福音書に記されたイエスの諸々の活動と教えの根源であるところのもの――に関わることである。「福音記者たちに記す力があったならば」という言い方をしたのは、彼らは「人となった神」キリストの神秘そのものを直視してあからさまに語ることはできなかったのだが、この「神秘のヴェール」を少しばかり開いてくれる「書き込み」を残してくれたからである。

「書き込み」とは福音書の中で繰り返し語られる「イエスは《山に》ひき籠り、夜を徹して祈り、父とともに《ひとりで》いた」という言葉である。実際、四つの福音書すべてに「イエスは祈るために山にお登りになった。夕方になってもただひとりそこにおられた」「朝早くまだ暗いうちに、イエスは起きて、人里離れた所へ出て行き、そこで祈っておられた」「イエスは人里離れた所に退いて祈っておられた」「イエスはひとりでまた山に退かれた」などの言葉が繰り返されている。

この書き込みの重要性を指摘したのは教皇ベネディクツス一六世（ミュンスター、ボン、テュービンゲン、レーゲンスブルクなど諸大学で神学教授として活躍した神学者ヨゼフ・ラツィンガー〈Joseph Ratzinger, 1927〜〉）であり、彼はこの書き込みの真の意味を理解することなしには「新約聖書において出会われるイエスの姿は、現実のものとして理解することができない」と言い切っている。「現実のもの」とはナザレの町でイエスの日常の姿に接していた人々のイエス像ではなく、ここでわれわれが「キリストの神秘」として探求を試みている「人となった神」キリストの実像である。ラツィンガーによると、イエスは真の神である父との内的な一致において、単に友としてではなく子として顔と顔を合わせての対話において生きていたのであり、福音記者による「書き込み」はそのようなキリストの神秘、イエスの実像を蔽っているヴェールを少しばかり開いてくれるものだったのである。

私はラツィンガーが『ナザレのイエス』（*Jesus von Nazareth*, 2007）の序章「イエスの神秘」でこの「書き込み」の重要性を指摘しているのを読んで大いに共感し、また力づけられた。なぜそのように感じたかと言えば、ラツィンガーが「イエスの神秘」としてそこで述べていることは私が以前から「イエスの秘密」として考えてきたことと大筋において重なり合うものだったからである。

私にそのような考え方をするきっかけを与えてくれたのは、旧制高校時代に兄が「この書物の著者は日本ではまだあまり知られていないが、お前が学校で学んでいるデカルトやカントよりもはるかに深い真理を語っているようだ」という言葉(コメント)と共に手渡してくれたチェスタトンの『正統思想』(Gilbert K. Chesterton, *Orthodoxy*, Dodd, Mead & Company, 1908)であった。

チェスタトンがイエスの「秘密」を忘れがたく美しい詩にも喩えるべき言葉で語っているのは『正統思想』末尾の次の一節である。

「喜悦(ジョイ)、それは異教徒たちの場合、ちっぽけな周知のことにすぎなかったが、キリスト信者にとっては巨大な秘密なのだ。ところでこの混沌紛(カオスまが)いの著作(『正統思想』)を閉じるにあたって、私は再びキリスト教の全体がそこから出て来た奇妙な小さい書物(『新約聖書』)を開く。すると私はまたもやある確信のようなものにとりつかれる。福音書を満たしているこのけたはずれの人物は、他のあらゆる面と同じく、この面(喜悦)でも、自分たちこそ高い(境地に達した)のだと思ったあらゆる思想家を超えて高く聳(そび)えている。彼の情念(パトス)は自然で、ほとんど気楽といえるほどだった。昔も今もストイックな人間は彼らの涙を見せないのを誇りにした。しかし彼は決して自分の涙を隠さなかった。彼は例えば自分の生まれ故郷を遠望したときのように、どんな日常の眺めにも頬に伝わる涙をあからさまに示した。しかも彼は何事かを隠していた。厳(おごそ)かな超人、堂々たる外交官は彼らの怒りを抑制するのを自慢する。彼は決して自分の怒りを抑えなかった。彼は神殿の正面階段から（商売人たちの）机や椅子を投げ落とし、人々にお前たちは地獄落ちをどうやって免れるつもりだったのか、と問うた。それでもなお彼は何事かを抑えこんでいた。私は崇敬の念をこめて言うのだが、あの激越な人柄のうちには一筋の羞じらいとしか言い様のないものがあったのだ。彼が祈るために山に登ったとき、彼がすべての人間から隠した何ものかがあった。彼が突然の沈黙あるいは衝動的な孤独によって堅く包み隠していた何ものかがあった。神がわれらの大地を歩み給うたとき、彼にとってわれわれに見せるには余りに偉大な一つの何かがあったのだ。そして私は時折、それは彼の（父なる神と共有する至福の）歓喜だったのでは、とふと想ったものだ[122]」

チェスタトンの心に時折浮かんだこの想い、イエスがすべての人間――すべてを捨てて彼に従った弟子たちもふくめて――から隠しぬかざるをえなかった一つのものとは、真の神であるイエスが父なる神と共有する永遠の命から溢れ出る歓喜ではなかったのかとい

(122) Gilbert Keith Chesterton, *Orthodoxy*, P. 298-299.

う想い。それはわが国ではブラウン神父を主人公とする推理小説シリーズで有名であるが、ユーモア、諷刺、機知、逆説に溢れる作風で広く知られる著述家・思想家チェスタトンの、真正の詩人のみが持つ直観・洞察を示すと言うべきではなかろうか。

誤解のないように一言しておくと、チェスタトンは決して人間イエスの内面を心理学的に分析・推理してこのような考えを摑みとったのではなく、これはまさしく詩人チェスタトンがキリストと出会うことによって生まれた直観と解すべきであろう。その直観が卓越した神学者ラツィンガーをも凌ぐ――と私は率直に思うのであるが――キリストの神秘の洞察であると思われること、これはまったく私の理解を超えている。

イエスは自分が人類の救いのために限りなく慈しみ深い父なる神から遣わされた神の子であり、父なる神と「一」であることを自らの言葉と業、そして徴によって、可能な限り弟子たちに理解させようと望んだ。しかし真の神である己が父との交わりにおいて享受する永遠の命である至福そのもの、そこから湧き出る歓喜をここ地上の生においては決して弟子たちに伝えて、彼らと共有することはできなかった。イエスが孤独と沈黙によって包み隠していた何ものかとはまさしくこの歓喜であり、それを私はチェスタトンに従ってイエスの「秘密」と呼んだのである。

4.「隠した」ことの意味

ここで読者の大半が私の議論の進め方に深刻な疑問を抱かれるのではないだろうか。私は「神とは何か」というわれわれの知的探求の最終段階は「キリストは何者であるか」という問いの形をとるべきこと、そしてこの問いは「神はわれらを救うために人となり給うた」という「受肉の神秘」、すなわち「人となった神」であるキリストの「神秘」に向けられていることを強調した。ところが、この「神秘」を知的に探求することを提案しておいて、この「神秘」は最終的には当のイエス・キリスト自身が弟子たちと親しく共有することをいかに望んでも、ここ地上の生においては絶対に不可能であった、との意味でそれを「イエスの秘密」と呼ぶことにした。しかしその論法は完全な自己矛盾ではないのか。つまり、そのような言い方は「キリストの神秘」を知的に探求すべしと言っておいて、この探求は不可能だと断定することであり、手短に言えば「不可能事の命令」という自己矛盾ではないか。

この疑問はまさしく生まれるべくして生まれた疑問であるが、イエスの「秘密」の意味を適切に理解するための道を開いてくれる有益な疑問でもある。というのも、チェスタトンがすべての人間からイエスが「堅く包み隠していた何ものか」は、「われわれに見せるには余りに偉大な一つの何か」であったという言葉で正確に言い表していたように、イエスが「隠した」のは知られたくなかったからではなく、反対に知らせることを切に望むにもかかわらずそれが不可能なことを知り尽くしていたからであった。

　ということは、「隠した」のは、彼が知らせることを切に望んだ当のことが正しく、適切な仕方で知られるようになる道を「示す」ためであったと理解すべきではないのか。したがってわれわれはこのイエスの「秘密」（福音記者たちの「書き込み」が示唆していること）の重大な意味を悟ることで、この「秘密」に込められているイエスの知恵と恵み深さを学び、そのことによってキリストの「神秘」に適切に近づくための道を見出すことが可能になる、と言えるのではないだろうか。

5. 最大の謙遜と従順で

　ではキリストの「神秘」に近づき、「キリストは何者であるか」を探求して、最終的にはわれわれの精神がこの神秘によって完全に滲透されて、使徒パウロが「もはやわたしが生きているのではなく、キリストこそわたしのうちに生きておられる」[123]と告白した通りに、キリストの命（いのち）（神の永遠の命）によって生きるところまで到りつくためにはどうしたらよいのか。まずこの「神秘」はイエスが何よりも伝え、共有することを望みつつも、それはここ地上の生では不可能と考えたほどに「人の目が見たことも、耳が聞いたこともなく、人の心に思い浮かんだこともなかった」[124]ことであり、それを真理として受け容れるためにはわれわれの側において「真理そのものである神」に対する最大の謙遜と従順という精神的態度が求められることを強調すべきであろう。

「神とは何か」と問う知的探求の最終段階で、真理そのものに対する「謙遜」「従順」という明らかに知性的というよりは情意的な要素を含む倫理的な態度ないし徳を導入することについては何らかの説明が必要であろう。その理由は「人の目が見たことも……」と述べたことで明らかなように、ここでわれわれが探求しているキリストの「神秘」は人間が自力で近づき、理解するのは不可能であり、「教える神」に弟子として聴従することによって学ぶ他ない、という一事に尽きる。

しかし目指すものがキリストの「神秘」であっても事が知的探求である限り、謙遜や従順のような倫理的な態度とか徳のようなものを持ち込むのは納得できない、と反撥する読者が多いかもしれない。確かにデカルトやカントによって代表される近代哲学的な知的探求の理念はいかなる懐疑や誤謬も入り込むのを許さぬ絶対に確実な真理を確保するところ

(123)『ガラテヤ人への手紙』2・20。
(124)『コリント人への第一の手紙』2・9。

から出発して、数学に代表されるような科学的方法を駆使することを通じて、カントの表現を借りるならば「教師の教えを聴くだけの生徒の資格をもってではなく、自らの流儀で証人から答えをもぎとる裁判官の資格をもって[125]」もろもろの確実な知識を取得する、というものである。そこでは真理は人間理性によって獲得すべきものであり、従順や謙遜のような倫理的要素が知的探求に入り込む余地はない。

しかしこのような近代哲学的な知的探求の理念は、「問題」の解決に専念する、言いかえると「知恵」を排除して「知識」のみを追求する知的探求に関してのみ妥当するのであって、ここでわれわれが関わっている「知恵の探求」には明白に妥当しないことを見てとる必要がある。そのことを最も明瞭かつ説得的に教えてくれるのは、私がこれまで学んできた限りでは、通常アメリカ・プラグマティズムの代表者として紹介されるが、科学者、論理学者として画期的な業績をあげると共に卓越した形而上学者であったパースであると思う。

パースは「探求」(inquiry)という主題に生涯を通じて関心を持ち続け、きわめて注目に値する「探求」理論を確立しているが、何より興味深いのは、すべてに徹底的な懐疑を向け絶対に確実・不可謬な真理から出発すべきことを提案するデカルトの「方法的懐疑」の立場を真っ向から否定して、探求を呼び起こすのはつねに真実の生きた疑いであり、しかも人間的探求はつねに可謬的（fallible）であって、誤謬を通じて自らを修正し、成長を遂げることを強調することである。私はこのようなパースによるデカルト批判に触れるたびに、デカルトは人間理性の壮大な夢を精密に描くことに専念し、その夢は近代人を今も魅了し続けていることにいまさらのように驚き、そしてパースは人間理性が遂行する現実の知的探求とはいかなるものであるかをどこまでも経験に基づいて語っているのだが、その声に耳を傾ける者はあまりに少ないと感じる。[126]

パースによると、真実の生ある疑い（＝信念の動揺）から出発して信念の確定へと向かう人間的探求の全体が「われわれの意見によって左右されることのない実在的なものがある」という信念に根拠を置いているのであり、その実在に向けられた疑いはすべての真実の生きた疑いを不可能にする。この意味での実在が在ることは証明できないが、すべての証明がこのような実在を認めることなしには成立しないのであるから、「実在」はすべての人間的探求の可能性の根拠にほかならない。

ところで私がここで特に注目するのは、パースはこのような人間的探求の可能性の根拠

(125)『純粋理性批判』第二版序文　B XIII.
(126) 参照。拙著『講義・経験主義と経験』知泉書館、二〇〇八年、第四、五章。

である実在を受け容れることは明白に倫理的選択である、と明言していることである。それは自らの探求によって到達した意見が最終的・絶対的なものだという傲り（pride）を捨て去る謙遜の態度である、とパースは指摘する。彼は端的に「論理的であるためには人々は利己的であってはならない。……英雄的な自己放棄をなしうる者の推論だけが真に論理的である」と言う。

ここで簡単に紹介したパースの人間的探求の理論が読者の全面的な承認を得られるか否かは別として、パースが人間的探求は不可疑・不可謬の真理を確保するところから出発するのではなく、むしろ本質的に可謬的であり、誤謬を通じて自らを修正し、成長を遂げるものである、と考えていたことについては理解を示してもらえると思う。もしそうであれば、そのような人間の有限性についての明確で徹底した自覚からして、「キリストの神秘」の探求においては、さきに述べたようにわれわれの側において最大の謙遜と従順という精神的態度が求められるという主張についても何らかの理解が得られるのではないだろうか。

6. 真の宗教（レリギオ）の忘却

さらにイエスが弟子たちに伝え、彼らと共有することを切に望みつつも、伝えることを断念せざるを得なかった「神秘」とは、「山上の垂訓」のように言葉で教えることも、一声で湖上の嵐を静めたように業で示すこともできないようなことであった。それは言葉や業のような徴を介してではなく、神の本性に十分に与ることでまさしく「神となった者」にのみ伝え得るものだったのである。このことの理解は「神とは何か」と問う「神」の知的探求を真実の探求——「実在する神」の探求——たらしめるために最も必要なことであると思う。

本書の冒頭で「神とは何か」という問いはわれわれが日常的に（科学的研究も含めて）「……とは何か」と問う場合と、問いの形は同じであっても、まったく性質および次元を異にする問いであることを指摘した。ここまでの考察でその違いの内実をどこまで解明できたか疑問であるが、すくなくとも神に対して向けられた「何であるか」という問いはいかなる記号を介することによっても適切に答えられるものではないことは明らかになったと思う。残るところ、記号・徴という媒介を超えて、さきに使徒パウロの言葉で示唆したように、直接的に「顔と顔を合わせて」神を見ることを目指して探求を進める道を選びとるべきであろう。

ここでは神を「顔と顔を合わせて」直接に見ることを可能にする、神の本性に十分に与ることによる人間の「神化」（deificatio）という、かつてキリスト教思想家たちによって熱心に研究され、論じられた問題に立ち入ることはしない[127]。ただ一言、蛇足を覚悟して注意しておきたいのは、「神化」すなわち「神になる」とは「神の本性に与る」「神の命によって生きる・神の命を神と共有する」ということであり、それは人目を惹くような仕方で現れたり、人々を驚かせ、感歎の的となり、時としては熱狂的な信者集団を生むような超人的な能力(?)を身につけることとは何の関係もない、ということである。

私の誤解かもしれないが、わが国ではこの区別が知識人や宗教学者と呼ばれる人々の間でも曖昧になっていて、真の実在する神を崇敬し、奉仕につとめる道である宗教の範囲が右に触れた神がかり的な業にまで拡大される傾向が見られる。このように真の宗教と偽りの宗教との区別が曖昧であること、言いかえるとこの区別を明確なものにしようとする知的な努力が軽視されているように見えること、その原因をつきとめ、事態を改善することは極めて重要な問題であるが、ここでその議論に立ち入ることはできない。しかしこのような状況が改善されない理由の一つは、この書物でしばしば言及した知恵と(科学的)知識の区別が一般に無視され、知恵の探求の重要性(単にいわゆる哲学を学ぶ人間のみでなく、すべての人間にとっての)が認識されているとは言えない、わが国の教育の現状のうちに見出されることは確かであろう。

知恵の探求の重要性が十分に自覚されていないことの顕著な現れは、教育の現場において個性の尊重は声高に叫ばれても、当の個々の人間が「何であるか」という自己認識の課題はまったく無視と忘却に曝（さら）されてきたことであろう。自己認識、それこそは知恵の探求の最も重要な課題であり、これまで繰り返し指摘したように、自己認識が成立するためにはわれわれの知性の目が神の認識へと開かれていることが必要なのであるから[128]、自己認識の深まるところわれわれの「神」探求は必ず深まるはずなのである。

このように見てくるとき、わが国において「神」の知的探求に対する関心が低く、真の宗教（レリギオ）とそうではないものとの区別を明確にしようとする必要性が十分に認識されないことは、わが国における教育がこれまで「真の教育は人間教育である」という教育の最も基本的な原則——それは知恵の探求によってのみ明確に認識される——を近代的な啓蒙思想や個人主義に幻惑されて無視してきた結果ではないだろうか。

（127）参照。田島照久・阿部善彦編『テオーシス　東方・西方教会における人間神化思想の伝統』教友社、二〇一八年。
（128）自己認識は精神的存在のみが為しうる認識であり、この認識は必ず「自己はどこから・どこへ」と自己の起源と終極を知ることを要求するところから、自己認識は自己という存在の第一の始源と究極の目的である「神」の認識へと開かれているのである。

7. 滝沢克己の「純粋神人学」

「神とは何か」と問うわれわれの知的探求は、その最終段階では「人となった神」であるキリストの「あなたはわたしを何者だと言うのか」というパーソナルな問いに答える形をとる、と述べてきた。私自身はこのような議論をどこまでも人間的な知恵の探求として進めてきたつもりであるが、常識の立場は神的啓示に自らを開きつつ探求を進めるのはすでに特定の信仰を前提とすることであり、そのような探求を厳密な意味での知恵の探求（哲学）とは認めることができないというものであろう。

こうした近代的「常識」の立場は、理性と信仰を分離したことによる、人間理性にとって本質的な自己超越性の否定に基づく誤りであると私は考えるが、ここではその議論には立ち入らず、いわば常識的に「理性の限界内にとどまり」つつキリスト中心的な「神」探求の立場を確立したとも言える滝沢克己（たきざわかつみ）の「純粋神人学」の紹介を通じて、私自身の立場を明らかにしたい。

滝沢の純粋神人学とは彼が自らの宗教哲学・神学の中核として長年にわたり語ってきた「インマヌエル（「神われらとともにいます」）」の原事実という中心思想を、晩年ハイデルベルク大学名誉学位授与式で行う予定の講演のために簡潔に書き下ろしたものである[129]。それによると、キリストの福音そのものである「受肉の神秘」は、じつは無条件に事実的な、厳密な意味で聖なる「神人の統合」という根元的な出来事「インマヌエルの原事実」にほかならないのであって、すべての人間が自らの存在の究極の根拠へと立ち帰ることによって確認できる根源的事実にほかならない。滝沢はこのインマヌエルの原事実をカール・バルト（Karl Barth, 1886-1968）のボン大学における講義で学んだのであるが、バルトがそれを聖書に記されている、信仰をもって受け容れるべき神的啓示であると強調したのに反対して、万人が自らの精神的体験として証言できる普遍的真理であると主張して譲らなかった。

私は最近この問題を考察する機会を再度得たのであるが[130]、滝沢の立場は「神が『インマヌエル——われらとともにいます神』であることは、永遠・普遍の真理であり、われわれは自らを全面的にその光の下に置くことによってこの真理にめざめ、真の人間として生きることができるのであり、そこにはキリスト信者とそうでない者との間に何の差別もなく、この真理に基づいてもろもろの異なった宗教の間の対話が成立する」というものであった。

（129）滝沢克己『純粋神人学序説—物と人と』創言社、一九八八年。
（130）拙稿「滝沢先生の神学について」『思想のひろば』25、二〇一四年。拙著『カトリック入門』ちくま新書、二〇一六年、第五章「日本的霊性とキリスト信仰」。

この滝沢―バルト論争の根底にあるのは、日本的霊性とキリスト信仰との出会いの問題であると言えよう。神は「インマヌエル―われらとともにいます神」、すなわちわれら人類の救いのために人となり給うた神であると信じること（キリスト信仰）は、滝沢にとっては「絶対者（神）が絶対者であることの決定的な証しを（絶対者の絶対的な自己否定において示される）絶対者の無辺の大悲（愛）において見る」という、哲学者・西田幾多郎の「内在的超越」の思想に基づいて鈴木大拙が到達した日本的霊性の心髄に他ならなかった。問題は滝沢がインマヌエルの原事実という永遠普遍の真理は万人に等しく開かれている（ナザレのイエスはこの真理を比類なき完全さをもって生きぬき、顕示した）と主張したのに対して、バルトはこの永遠・普遍の真理は（永遠の言が肉となった）イエス・キリストによって初めてわれわれに伝えられた、というキリスト信仰の立場を固守したことであった。

8. 日本的霊性との親近性

この滝沢―バルト論争は現在のところ哲学者・滝沢克己のバルト神学研究に関心のある限られた少数の研究者の間で知られているに過ぎない。しかし私はこの論争そのものがキリスト教（より正確には「キリストの神秘」に関わる「キリスト信仰」）と日本的霊性との真実の出会いであると見る限り、約五〇〇年前に聖フランシスコ・ザビエルの来日によって始まったキリスト教と日本文化の交わりの歴史においてきわめて重要な意味を持つことになるのではないかと考えている。

私がそのように考える理由は、滝沢がインマヌエルの原事実という真理は万人に等しく開かれていると主張したのに対して、バルトはこの永遠・普遍の真理はイエス・キリストによって初めてわれわれに伝えられたことを強調したという違いにもかかわらず、両者ともインマヌエルの原事実・受肉の神秘は「永遠・普遍の真理」であり、万人がこの真理にめざめることによって「真の人間として生きることができる」ことを肯定する点では完全に一致しているからである。ということは日本的霊性とキリスト信仰は、知恵の探求という観点から見る限り、その核心において一致するということではないか。

滝沢がバルトの「キリスト信仰」の立場に反対して「われらとともにいます神・インマヌエル」という永遠・普遍の真理は万人に開かれていると主張して譲らなかったのは、彼自身の内的体験の確証に加えて、西田幾多郎の影響によるところが大きい。西田は処女作『善の研究』においてキリスト教の「無からの創造」を子どもじみた絶対者の「超越」理解と批判した段階から、ここで述べた「絶対者の絶対的な自己否定（愛）」において示される（絶対者の自己証示としての）「内在的超越」として神的創造を積極的に肯定する遺稿「場所的論理と宗教的世界観」に到るまでの、半世紀を超える「悪戦苦闘のドッキュメント」と自ら称した思索の歩みを通じて日本的霊性の結晶とも言える哲学を構築した。

しかしここで滝沢とバルトの「インマヌエル」理解に関する対立をバルトは「キリスト信仰」を中心に置く立場であり、滝沢は「キリスト信仰」を考慮の外に置く立場、極端な言い方をすればグノーシス主義であると解するのは誤りであると思う。私は「滝沢先生の神学について」と題する論文で、この対立はキリスト教神学における三位一体論とキリスト論との関係についての理解における微妙な違いに由来する、と述べたことがあり、その考えは今でも変わっていない。しかしここでは神学的議論に立ち入ることは控えて、滝沢説の根底にある日本的霊性の理解に基づいて説明を試みたい。

滝沢は「インマヌエル」すなわち限りない慈しみのゆえに人間となり給うた神という永遠・普遍の真理は、すべての人間が真実に自己に立ち帰ることによってそれに目覚め、真の人間として生きることが可能である、と主張するが、それはまさしく「絶対者の無辺の大悲」という日本的霊性の心髄に触れる発想である。それは天台、真言の奥儀とされる「即身成仏」、即ち大乗仏教の本質であり、日本的霊性の形成にも大いに寄与したと考えられる思想とも深く通じるものがある。

9.「真理」を受け容れるための心の準備

しかし私はここであえて一つの素朴な疑問を提出したい。永遠・普遍の真理としての「インマヌエル」は「神とは何か」と問う人間に対してどれほどの現実性をもって実在するものとして現存するのか？　私は滝沢先生がかつて九州大学で担当しておられた倫理学講座の担当教授を兼任していた時期があって、何度も招かれて先生の書斎でお話を伺ったことがあるが、毎回、顔を合わせると第一に「稲垣さん、貴方がいま一番大事なこととして考えておられるのは何ですか」と単刀直入に問いかけられた。それは私にとってきわめて貴重であると共に正直なところ「重い」時間であったが、今ここで取り上げている問題を滝沢先生と直に論じ合う機会を失したことが残念でならない。

私の疑問は、滝沢が主張するように万人が「インマヌエル」の原事実を永遠・普遍の真理として受けとめることが仮に事実だとしても、そこでこの真理に与えられる承認は、さきに触れたニューマン説を適用するならば、「観念的承認」(notional assent)にとどまるのであって、現実に実在する存在に関わる「実在的承認」(real assent)ではありえないのではないか、というものである。言うまでもなく、この疑問に対しては、「インマヌエル」の体験によって自らの生き方が全体的・根元的に変わったと説く滝沢自身をはじめ、強力な反論が予想されよう。

しかし私は「インマヌエル」すなわち聖なる神人の「統合」は、「神は人間である」「人間は神である」という明白な矛盾ではないにしても、「神が自らを虚しくして（否定して）人間と同じようになる」という、それこそ「目が見たことも、耳が聞いたことも、人の心に思い浮かんだこともなかった」不可思議である限り、それを現実的な実在することとして受けとめることが万人に可能であるためには何らかの心の準備が不可欠であると考える。

「心の準備」とは、さきに「キリストの神秘」を真理として受け容れるためには謙遜と従順という精神的態度が求められる、と述べたことを指している。すなわち、人間に固有の認識能力によっては適切に探求を進めることができない「神秘」に近づき、理解するためには「教える神」に弟子として聴従することによって学ぶ他に道はない。それは言いかえると「神的啓示に自らを開きつつ」探求を進めることであり、信仰の光に導かれつつ探求を進めることに他ならない。

読者に注意していただきたいのは、私はここで「信仰」を（人間が自力では近づくことの不可能な「神秘」を適切に探求するために要求される、「弟子が師に対して保つべき精神的態度」としての）「謙遜・従順」の意味に解しているのであって、どこまでも知恵の探求という観点から「信仰」を理解している、ということである。念のために付記すると、滝沢は「インマヌエル」の原事実の理解は万人に開かれていると主張したのに対して、私はその場合のを提示したのであった。「理解」は「実在的承認」ではなく「観念的承認」にとどまるのではないか、という疑問を提示したのであった。

10. 自らの無力の自覚

本書ではこれまで自己認識を中心課題とする「知恵の探求（フィロソフィア）」として「神とは何か」と問う知的探求を進めてきたのであるが、その最終段階——そしてそれは地上の生の旅路に在る限り進めるべき「神とは何か」を問う知的探求の新しい段階の始まりでもある——に到って「信仰」の必要性が明確に浮かび上がったのではないかと考える。

自己認識という形而上学的課題と適切に取り組むためには、われわれが「形而下」の世界の事柄について考察するにあたって頼りとする「経験と理性」ないしは経験に支えられた理性という人間に固有の認識能力のみでは不十分であることはさきに指摘した。したがってこれまでも自己認識の深化に伴って直面することになった「神とは何か」と問う知的探求はある段階——「神」と呼ばれる存在の考察から現実に実在する「神」の考察に移行した段階——から信仰（言いかえると信仰によって肯定・受容される神の自己啓示）に開かれた理性によって遂行されてきたのであった。

しかし「神とは何か」という問いから「キリストは何者であるか」という問いへの移行

によって、われわれの知的探求は、「信仰に開かれた理性による探求」から「信仰内容それ自体の知解」へと移行した。そこで私は「信仰の必要性が明確に浮かび上がった」と述べたのである。したがって、これに続く知的探求も広い意味での知恵の探求であることには変わりがないが、それは「信仰の知解」（神学）としての知的探求であるから、厳密に哲学的な「知恵の探求」として「神とは何か」と問うわれわれの試みはここで結ぶべきであろう。

誤解のないよう指摘しておきたいのは、知的探求の途上で「信仰」への直接的依存が明らかになるのは、決して知的探求が挫折ないし崩壊して、それとはまったく性格を異にする「信仰の知解」（神学）によって置き換えられることを意味するのではない、ということである。むしろ知的探求をどこまでも「知的」探求として前進させるために、信仰というより高度の知的光に直接に依存すると解すべきであろう。

つまり信仰への直接的依存の必要性を認めることは高度の自己認識であると言える。これまで繰り返し述べてきたように、信仰は人間理性が自力では近づくことのできない神秘に直面したときに自らの無力を自覚し、自らの認識能力の第一根源であり、これまでも自らの認識能力はそこから光を得ていると認めてきた第一の真理である「教える神」に直接に聴従することによって学ぼうとする態度、それに伴う謙遜と従順の態度なのである。人間は自らにとって最も重大である事柄の探求においてはきわめて無力であって、「教える神」に信仰をもって聴従しなくてはならないことを切実に知らされるのだ、という意味に解すべきであろう。

おわりに　人間の尊厳のために——「神と魂を知りたい」

1. 「汝自身の中に帰れ」

この書物を最終章まで読んでくださった読者は「神とは何か」と問うわれわれの知的探求はその最終段階では「キリストは何者であるか」という問いとして進められ、キリストの「神秘」の探求に立ち向かうことになる、という議論の展開に何らかの疑問を感じつつもその「神」の知的探求の最終段階に関心を抱かれたのではなかろうか。ところがその最終段階は、確かに広い意味での「知恵の探求」ではあるが、厳密には「信仰の知解」(intellectus fidei) すなわち神学であるとの理由で、「厳密に哲学的な『知恵の探求』として『神とは何か』と問うわれわれの試みはここで結ぶべきであろう」という結論の言葉で早々にその論述を打ち切ったのは可笑しい、と感じた方が多いかもしれない。

むしろ「神」の知的探求という課題自体から言えば「信仰の知解」としてさらに探求を進める努力をすべきであった、と私自身感じている。それができなかったのは、「受肉の神秘」つまりキリストは人類の救いのために「人となった神」であり、「真の神」にして「真の人間」であるという「キリスト信仰」の真理をまだ自分の言葉で語る用意ができていない、と痛感したからである。

真の「キリスト信仰」とは、何か確固不動の信念といった類いのものではなく、神の永遠の言が肉となったという神の不可思議な業としての「受肉」に対応する「信じる者の魂のうちなる神の言の受肉」に他ならない、と私は理解している。この「キリスト信仰」について適切に語ること、それは例えば一三世紀キリスト教社会でトマス・アクィナスが『神学大全』で試みたことに他ならない。

他方、私は「神とは何か」と問う知的探求に挑む機会を得たことで、自らの不知を改めて強く自覚したことはもちろんだが、その結果の主なものは「神」の探求のためには「決して外へ出るな、汝自身の中に帰れ」というアウグスティヌスの誡めに従うのが何より肝要であると思い知らされたことであった。つまり神を真剣に探求したいならば精神的存在である自己をしっかりと認識する力を身につけた上で自己の奥にあるものをどこまでも探り、さらに自己を超えて自己の究極の根源をもつきとめるように努めよ、ということである。

2. アウグスティヌスの問い

「神と魂を私は知りたい」という言葉はアウグスティヌスがミラノの国立学校修辞学教授職を辞し、友人たちと洗礼準備のためミラノ近郊カシキアクムの山荘で祈りと省察の日々を送っていた期間に書いた「カシキアクム対話篇」の一つ『ソリロキア』冒頭の長い祈りを一言に縮めたものである。この著作についてはアウグスティヌス自身（死の三年前に書いた）『再考録』（第四章）で「私はまた私が何よりも最高に知りたかった事柄についての真理を究明すべきとの熱意と愛に迫られて二巻の書を著した」と記しており、最も知りたかった事柄の内容に関しては、この著作の冒頭で「私自身と私の善（つまり私の究極目的）、あるいは何であれ私が避けるべき悪」と述べている。

この著作が『独白』と名付けられたのは、アウグスティヌスが自ら説明しているように、彼が自分の最大の関心事を巡っていろいろと考えていた最中に突然「自分自身あるいは誰か他人が、自分の中でか外からか声をかけてきて、わたし独りなのにあたかも理性とわたしの二人がいて、わたしに問い、わたしに答えるという仕方で対話が進んだ」ことに由来する。

ところでこの著作はアウグスティヌス自身が神と魂という彼が最も知りたいと願う事柄について独りで行った探求と思索の記録であるからあえて対話の形にする必要はなかったのではないか、と思われるのに、いわば「自己のうちなる対話」として「理性」と「わたし」の対話としたのはなにゆえであろうか。私はこの問いにアウグスティヌス研究者として答える資格はないが、そこに彼が後に『告白』で語り、『三位一体論』で詳細に論じた精神としての自己ないしペルソナの存在論的構造――「関係」的なもの――に関する洞察を見てとるべきではないかと考えている。

それというのも、アウグスティヌスがこの著作を書いたのは、彼が神や魂という精神的存在は、物質的・物体的なものとはまったく違う在り方をすることを魂の目で見てとった「哲学的悟り」から間もないときであり、人間精神つまり自己が「関係」的な対話的存在であることを生き生きと感じていたと思われるからである。『告白』のなかでアウグスティヌスはこの「哲学的悟り」(一九歳の彼がキケロの『ホルテンシウス』を読んで知恵の愛へと激しく目覚めたとされる[131]「哲学的回心」と区別して)について次のように語っている。

「そこで私は、それらの書物[132]から自分自身に立ち帰るようにとすすめられ、あなたにみちびかれながら、心の内奥にはいってゆきました。それができたのは、あなたが助け主になってくださったからです。私はそこにはいってゆき、何かしら魂の目のようなものによって、まさにその魂の目をこえたところ、すなわち精神をこえたところに不変の光を見ました[133]」

(131) Augustinus, *Confessiones*, III, 4.
(132) 新プラトン哲学、おそらくプロティノスかプロクロス。
(133) *Confessiones*, VII, 10, 16.

3.「神とは何か」と問うことは、よく生きることへのはじまり

「神と魂（つまり自己）を私は知りたい」、この単純な知的願望の表現に過ぎぬとして片付けられそうな言葉について、私はあまりに長々と語ったと感じる読者が多いかもしれない。私がそうしたのは、この言葉がこの書物を結ぶのにふさわしいという思いが浮かんだからだけでなく、当初からアウグスティヌスがこの言葉を口にしたときに心に抱いていた著作意図と構想を私自身できるかぎり十分に汲みとって自らの「神」探求（それには「自己」探求が不可分離的な部分として含まれる）を試みようと意図したからである。

したがってこの書物の表題「神とは何か」は、哲学と神学について思索と研究を重ねたことで、われわれが「神」と呼ぶ存在が「何であるか」についてある見通しを得たので、それを読者と分かちあいたい、といった類い（たぐい）の著作意図にとどまるものでは決してない。そうではなく、神（と自己）を知りたいという願望は、人間は生まれつき知ることを欲求する、言いかえると人間の魂は「真理の光」――それによってわれわれがすべての在るものを認識する――へと向かう自然本性的な傾きを有するのであるが、その「知りたい」という人間の欲求の全体を生みだす根源にほかならないのではないか、という解釈を広い批判と討論の場に提示したかったのである。

このように「神を知りたい」という願望、つまり「神とは何か」という問いは「知りた

い」という人間の生まれつきの欲求から出て来る問い、という意味では幼児の口から出てもおかしくない素朴で単純な問いである。他方しかしそれが人間の自然本性的な「知りたい」という欲求全体の第一根源であり、究極・最高の目標であるかぎりにおいては、人間に固有の知的理解能力のみをもってしては、到底計り尽くすことのできない神秘へ向けられた願望であり、問いであると言うべきではないだろうか。

ある知的な問いが単純・素朴であると同時に神秘の極みであると言うのは、明白な矛盾であり、そのような主張はいたずらに逆説を弄ぶものと非難されるかもしれない。しかしわれわれが日々人間として生きている命を成立させている根本的な働きはすべてこのような逆説をはらんでいることをこれまで繰り返し見てきた。

その最たるものが、知ることによって「知る者」と「知られたもの」は空間的に接触したり、化学的に融け合うのではないが、確かに一つになることだ。ではこの「一つ」「一」性とは何か、と問われると、それが「知る」ということだ、と言って問いをはぐらかす以上の知恵を見つけることはむずかしいのではないか。視覚の器官や神経、脳に起っている変化はいくらでも解明できる。しかし「知る」という精神と実在の「合一」の働きはデカルトの物・心二元論において真の解決が放棄されて以来、私の知る限り、原則的に「定説」と言えるような説明はないというのが真相である。要するにそれは幼児でも経験可能な平凡極まることであると同時に、アリストテレスの『霊魂論』[134]以来、哲学者たちを悩ませてきた問題、と言うより「神秘」なのである。

このように「神とは何か」という問いで問われているのは、われわれにきわめて身近で、極端な言い方をすると「われわれの自己自身よりもわれわれのうちに在る」と言われるほど親しみ深い存在でありながら、その「何であるか」を知ろうとすると、把握という仕方で理解できないのは言うまでもなく、人間に固有の認識能力のみによっては接近さえもまったくできない神秘である。しかし他方、われわれ人間が「人間である」ことを完全に実現する、つまり人間の究極目的（最高善）である幸福に到達するのは、じつにこの神秘を「顔と顔とを合わせて見る」[135]（神と完全に一となる）ときだという。そうであれば、われわれが真実の幸福をめざして生きるということは、すなわち人間として善く生きるということは、「神とは何か」という問いに答える道を開こうと試みることだ、と言えるのではないか。

4. 「哲学的悟り」

これまでの議論で「神とは何か」という問いが真実の問いであり、この問いを中軸にして進められる「神」探求が真の意味での知的探求でありうるためには、問うわれわれの側にどのような精神的態度が要求されるかに関してなにほどかの示唆が得られたのではないかと思う。この問題はこれまで述べてきたことで論じ尽くされるようなものではないのは言うまでもないが、ここで繰り返しになることを承知の上で次のことを改めて強調しておきたい。「神とは何か」という問いは、いわゆる好奇心の対象に向けられたものではないことは言うまでもないとして、それは純粋に理論的、学術的な領域にとどまる問いでもなく、人間の尊厳に関わる問いなのである。

ところで、この問いを意味のある問いとして成立させるためには、さきに引用した『告白』の一節でアウグスティヌスが述べているように、「自分自身に立ち帰って、心の内奥にはいってゆく[136]」ことを可能にする「魂の目」、つまり物質的、物体的なものとはまったく違う高次の在り方をする精神的（スピリチュアル）存在を見てとる力が必要とされる。「自分自身にたち帰って、心の内奥にはいる」とは精神である自己が精神である自己を認識する「自己」認識であり、それは決してヒュームが誤って想像したように、外界の事物を観察していた目を

(134) アリストテレスは感覚するという働きが現実に成立するとき、感覚するものと感覚されるものは「一」であるという、平凡・陳腐でありながら神秘に満ちた感覚の働きに注意を向けている。
(135) 『コリント人への第一の手紙』13・12。
(136) Augustinus, *Confessiones*, VII, 10, 16.

反転させて、自分だけに見える（はずの）プライベートな内面を見ようと試みることではない。自己認識の議論を繰り返すことはしないが、通説に反してデカルトの「コギト」は形而上学の出発点となりうるような自己認識ではなく、人間的認識と思考の全体がそこに閉じ込められることになる自己意識にほかならなかったことは、カントによる批判をまつまでもなく明白であった。

　ここでとくに私が強調したいことは、われわれが精神的（スピリチュアル）存在を知的に認識する力を身につけるのは右に述べた意味での自己認識においてであり「神と魂を私は知りたい」という言葉は、「神」探求を真の知的探求として進めるためには、まず魂（すなわち自己である精神）を精神的存在として知る力、すなわち形而上学的探求の力を身につけておく必要がある、そうでなければ「神」探求を一歩も進めることはできない、ということを含意していたのである。

　そしてこの力を身につけることを、さきに「哲学的悟り」と呼んだのは、それによって初めて人間は自分自身に立ち帰り、心の内奥にはいることができる。すなわちそれまで外的世界の事柄を知ることのみにいわば溺（おぼ）れていた心に、より高次で重大な精神的世界の事柄を知ることへの関心が生まれ、高められるからである。それは単なる知的認識の増加・進歩ではなく、人間の尊厳にふさわしい高次の知的探求への目覚めであり、その意味で一種の知的回心ではないか、と考えたのである。

5. 二つの「存在(ある)」

いま「神」探求への道を開く自己(精神)認識のための力、すなわち形而上学的探求の力の獲得が「人間の尊厳」にふさわしい高次の知的探求への目覚めである、と述べた。このように神の形而上学的探求という知的な営みを人間の尊厳と直接に結びつけることは(あたかも神の学問的な探求が人間の尊厳にとって不可欠であるかのようで)納得できない、と考える読者が多いであろう。今日われわれの間で広く受け容れられている「人間の尊厳」の理念は、根元的に人間の自由、あらゆる従属や拘束から解放された「自立」に他ならないからである。

そこでここでは「神」の知的探求を形而上学的探求を通じて適切にそして徹底的に進めることは、通説に反して、「人間の尊厳」の客観的根拠を明らかに示し、確立する唯一の道であることを確認したい。すなわち人間の尊厳、空間的・時間的にわれわれの想像力を超えて限りなく拡がる物理的宇宙の全体を超越する人格(ペルソナ)としての人間の偉大さ・価値は、人間が精神的(スピリチュアル)存在として、知的認識と愛によって万物の創造主たる神と直接的に結びつくことに存する。このような存在(エッセ)の全き・普遍的な第一根源(神)への直接的な秩序づけ、ということをおいて人間の尊厳を理論的・客観的に確立しうる根拠はない、ということを説得的に示したい。

このような議論はかなり独断的、と言うよりひどく独善的に響くかもしれない。しかしその印象は（これまで繰り返し述べたように）われわれが最も基本的でわかりきったものとして使用している「ある」という言葉の（おそらくは）本来的な意味についてすこし考えるだけで一変する。

われわれが常識的に理解している「ある」は何かが「ここに・今ある」の「ある」であって、それはこの私が（他のすべての人と同じく）「見て、触れて……」つまり知覚することで「経験的に」確証する「ある」である。しかし、すこし考えるだけでわかるように、その「ある」は「私の」知覚によって保証されるだけの定立（positio）に過ぎず、意味は空虚であると言うほかない。この「ある」が空虚だと言うのは「……である」という判断における「ある」が何らかの恒久的で普遍的な性質や本質を意味表示するのに対して、何かが「ここに・今ある」という知覚を言い表す単なる定立・措定（die Position）としての「ある」は何らそのような意味表示する内実がないからである。それはまさしくバークリ（George Berkeley, 1685-1753）が言ったように「知覚される」と同一でそれに還元される「ある」にほかならない。

もう一つの「ある」は、すべての存在するものの「存在(ある)」の第一根源である純粋・単純な「存在(ある)」であって、真、善、美を始めとするすべての価値を最高度に含む最も単純な「一」としての神である。この「存在(ある)」はわれわれの存在の最も内奥に現存する（われわれ自身がそれによって存在するのであるから）限りでは、われわれにとって最も身近で親密な実在であるが、その「何であるか」を認識することは（これまでわれわれの「神」探求が示そうと試みた如く）、人間の理性のみによっては不可能であるほどに困難なのである。ここでは、この後者の「存在(ある)」の逆説的な特徴を確認した上で、この「存在(ある)」に基づいてわれわれの思考を進めた場合には、「存在(ある)」の第一根源への直接的な秩序づけのみが人間の尊厳の理論的根拠であるという主張が説得性を帯びてくる可能性を示唆するにとどめる。

6. 「人間の尊厳」の本質

ところが、わが国では基本的人権がもっぱら個人の立場から理解されることに対応して、人間の尊厳も個人の尊厳として理解されている。そして尊厳という価値は「ひとりひとりの人間が有するかけがえのない価値」として誰もが自覚しているとされ、その意味で「自明の理」と見做(みな)されている。さらにアメリカ独立運動の英雄パトリック・ヘンリー(Patrick Henry, 1736-1799)が「われに自由か、然らずんば死を与えよ」と宣言したように、近代において「自由」は生命と並ぶ基本的人権へと高められた。「人間の尊厳」を、自らの自由意志によって自己の本性を選択し、決定しうる「自由」にまで極端に高められた自由と同一視したのはイタリア・ルネサンス期のピーコ・デッラ・ミランドラ（Giovanni Pico della Mirandola, 1463-1494）であるが、人間の尊厳を自由に基づいて説明した哲学者として有名なのはいうまでもなくカントである。

　カントによると、人間は理性的存在として意志の自由ないし自律に基づいて「目的の国」（Reich der Zwecke）に属し、そこにおいては何らかの等価物で置き換えうるような相対的価値、つまり「価格」（Preis）ではなく、あらゆる価格を超える内的価値、すなわち「尊厳」（Würde）を有する。[137] ここで私が特に指摘したい問題点は、人間が理想の領域たる目的の国で尊厳という絶対的価値を取得できるのは、人間が自らの道徳性を最高善である「義務」に即して完成すべく努力することによって達成する自律に基づく、と主張されている点である。言いかえると、カントは人間の尊厳を人間という存在に属する価値としてではなく、人間が努力して達成ないし成就すべき理想として理解していることが注目に値する。

「人間の尊厳」という絶対的価値は人間の道徳的実践を通じて達成・成就すべき理想であるとするカントの立場は大きな説得性をもって迫るようであって、結局のところ「尊厳」という価値の崇高さを主張し、強調するのみであって、「人間の尊厳」を理論的、客観的に根拠づけるものではない。なぜなら人間の尊厳がそれに基づくとされる（カント的）自律は、人間にとって外的な立法者に由来するあらゆる法への従属を超越して、人間自身が立法者である法にのみ従うことを意味する限りでは妥当性を有するが、人間にとって内的・本質的な自然本性に基づく法（道徳的法）に関しては、自律は意味を持ちえないからである。厳密に言えば、人間が理性によって自然・道徳法の掟を「善にして為すべきこと」と理解する限り、人間は自然・道徳法の本来的な立法者たる神の下で、分有という仕方で「立法者」と言えるのであるが、本来の意味での立法者は人間の理性的な自然本性の創造主たる神である。[138]

7.「真の自由」の条件

人間の尊厳がこの世界内で人間のみが有する自由において、とくに人間は自らの行為の

(137) 参照。拙稿「カント『人格』概念の批判的考察 —— 自由・真理・愛」『自由と正義の法理念』成文堂、二〇〇三年、3—19ページ。「『神の像』再考 —— 人間の尊厳の理論的基礎づけの試み」『人間の尊厳と現代法理論』成文堂、二〇〇〇年、53—72ページ。

(138) つまり人間は「自らの」理性（良心）に従って行動すべきなのであるが、その理性は神から与えられたのである。

主人・支配者であるという自己支配・自己所有、つまり自律において明らかに示されることは疑いを容れない。しかし人間の自由は創造主たる神すら強制することができないほど自己決定的であり、自律的であるが、それは決して人間の自由が絶対的・無条件的であることを意味するものではないことに注意する必要がある。

「人間は善も悪も為す自由を有し、善も悪も選ぶ自由を有する」という自明の理とも響く命題はじつは誤りで、正しく言えば「悪」を為す・選ぶとは「悪しく」つまり「誤って」為す・選ぶことであり、自由の誤用・濫用に他ならない。人間の自由は人間の自然本性を破壊するものであってはならず、自然本性の完全な実現としての究極目的・最高善へと秩序づけられているのであるから、本当はこの秩序、すなわちキケロの言う自然・理性と同一である法に従って行使すべきものである。まことに彼が言明したように、人間はこの最高の法の「奴隷」であることによって、真に「自由」でありうる、というのが人間的自由の正しい理解ではないのか。

キケロのこのような秩序ある「自由」概念が崩壊して、近代的な無制限・絶対的な「自由」概念が支配的となり定着した歴史的経緯について、ここで詳述することはできない。ただこのような「自由」概念の変容が、中世後期（後期スコラ学）における哲学の越権に対抗して信仰の純粋さを守ろうとする動機に基づく信仰と理性の分離にともなって生じたことは確実であろう。

そのことを示す典型的な事例はオッカムが主張した神の全能と自由の絶対性である。オッカムによると道徳性の究極的な規準は神の意志であり、あることは神がそのことを意志し、命令するがゆえに善である。神はその絶対的全能（potentia absoluta）によって神自身を憎むことを命令でき、この命令に動かされて神を憎むことは罪ではない。このような主意主義（voluntarism）的な「意志・自由」理解が人間の意志に適用された場合、前述の近代的な無制限・絶対的な「自由」概念が生まれるのは当然であろう。

私自身、人間の自由は人間の自然本性に基づいて理解すべきだと考えており、人間はその理性的本性のゆえに、知性が「存在一般」ないし普遍的存在を固有的対象とするように、（知性的欲求能力たる）意志は「善一般」ないし普遍的善を固有的対象とする、と考える。言いかえると、人間の意志は生活に必要・有用な善いものにせよ、欲求の対象となる快適な善いものにせよ、ある特殊な善いものへと必然的に傾くのではなく、自由にいずれかを選択的に欲求するが、このような自由選択が可能なのは、じつは意志が自然本性的により高次の普遍的善へと必然的に固着していることによるものである。

なぜかと言えば、意志が根本的に普遍的善へと自然必然的に方向づけられているからこそもろもろの特殊的な善いものを自由に選択する「場」が開かれるからである。そのことによって特殊的な善いものはすべて相対化され、それらのいずれをも自由に選択することが可能となると考えられる。

意志の（固有対象である）普遍的善への自然本性的な方向づけないし確定として一般的に語られたことは、具体的・個別的には各々の人間における究極目的たる最高善への自然本性的な欲求を指すことは言うまでもない。したがって、人間は自由選択によってではなく、必然的に究極目的を欲求し、幸福であることを願望する、と言わなければならない。幸福という最高の善を自然必然的に欲求するからこそ、あらゆる特殊的な善いものを自由選択的に欲求する場が開かれるからである。

8. 「個人の尊厳」だけでは不十分

さきにわが国では「人間の尊厳」がもっぱら「個人の尊厳」として理解されていることに言及した。日本国憲法は国民の生命、自由及び幸福追求という基本的人権を規定するにあたって「すべて国民は、個人として尊重される」（第一三条）と宣言し、第二四条では明確に「個人の尊厳」という表現を使用している。さらに教育基本法の前文では個人の尊厳がこの法律の基本的理念であると述べ、教育の目的については「人格の完成を目指し、……」と言明しているが、この目的の実現のためには「個人の価値を尊重して、……」

と、やはり個人の尊重を重視する。当然予想されることだが、平成一六年に改正された民法でも第二条で「この法律は、個人の尊厳と両性の本質的平等を旨として、解釈しなければならない」と規定されている。

戦後のわが国で個人の尊重がこのように強調され、重視されるようになったこと自体は、それが「封建的」（私は「父権主義的（パターナリズム）」が適切な用語だと思うが）な制度・慣習によって長い間抑圧・制限されてきた「自由に・主体的に」人間として生きる権利の回復、という極めて正当な国民的要求の表現である限り、何ら問題はないと思う。私がわが国で「人間の尊厳」（ないし「人格の尊厳」）が「個人の尊厳」で置き換えられている現状に疑問を持つのは、「人間の尊厳」は右に述べたようにその客観的な基礎づけを理論的に行うことが比較的容易であるのに、「個人の尊厳」を理論的に基礎づけることは困難であり、私が知る限り近・現代においてそれを適切に成就した事例はないからである。

これははなはだしく独断的で、偏狭極まる言明として非難されるかもしれない。しかし前述したようにオッカム以後の近代思想においては「存在するものはすべて個体である」という個体主義的「存在」観が自明の理として受け容れられているため、個々の人間の「個別性」を厳密に理論的に確立する試みは閑却ないし無視されており、その帰結として「個人の尊厳」も厳密・理論的に確立されるには到っていないのである。

これは暴言のように響くかもしれないが、私はおよそ存在するすべての人間という種（species）の中で、他のあらゆる人間から区別されるこの人間、という感覚的に経験され、知覚される個体について語っているのではない。そのような「個体」「個別的存在」の唯一性は自明の理であるが、こうした唯一性についてどのように「かけがえのなさ」「他の何ものによっても替えられない価値」が語られようとも、それで「個人の尊厳」が客観的に基礎づけられたと認めることはできない。なぜならそのような「個」はつねに何らかの全体（集合）を構成する部分でしかなく、従って、他の部分によって置き換えることが可能だからである。

「尊厳」（dignitas）という価値が認められるのは、何らかの全体を構成する部分とは違って、他のいかなるものによっても置き換えることの不可能な存在であり、つまり何らかの全体の部分ではなくそれ自体が端的に「全体」でなければならない。それはわれわれが前述した形而上学的な自己認識を通じて確認できる精神的存在としての人間、すなわち「人格（ペルソナ）」である。そして精神的存在としての人間が「全体」であるのは人間精神つまり知的霊魂（アニマ）は存在するもののすべてと合一するという「無限へのちから」を有するからに他ならない。

私が「個人の尊厳」があたかも「人間の尊厳」ないし「人格の尊厳」以上に日本人の生

き方、考え方を導く理念であるかのように受け止められ、評価されていることを看過できないのは、「個人」という概念が精神的存在という人間の本質とも中核とも言うべき側面を無視して、単に他のあらゆる人間からこの人間を区別する特徴、という感覚的に経験される事柄のみを重視していると思われるからである。

私はこの人間を他のすべての人間から明確に区別される存在たらしめるのは、「個性」という言葉で一括されている、その種の感覚的に知覚される特徴の如きものではなく、各々の人間（個人）はもろもろの物体よりも高次の仕方で存在する「精神的存在」である限り、何らかの全体を構成する部分ではなく、それ自体が「全体」だからだ、と考える。

そしてこのようにそれ自体が「全体」であるような個々の人間・個人に特有の尊厳について語るとすれば、それはこのような高次の存在が、すべての在るものの第一根源である創造主なる神と直接・無媒介的に結合していることに基づくのは明白である。こうして「個人の尊厳」は、他のあらゆる人間から感覚的経験によって区別される「唯一性」によってではなく「人間の尊厳」と同様に人間の自然本性、さらには人間の「存在」の第一根源であり、究極目的である創造主・神との直接的結びつきに基づいて理解すべきであると私は考えている。

た。

9. 「神」の現実性(リアリティー)の回復へ

ここまで「神は何であるか」の探求を人間の尊厳と直接に結びつけることには根拠がないと主張する、おそらくわれわれの間では常識と言ってよい程有力な見解への反駁(はんばく)を試みた。

では逆に「人間とは何であるか」を自己認識から出発して徹底的に探求することで人間であることを生涯学び、人間の尊厳にふさわしい生き方を追求することは、「神とは何か」と問う知的な「神」探求を排除するものでは決してなく、むしろ直接に結びつくと言えるのか。

私はここまで述べたことの帰結としてこの問いには肯定の答えを与えるが、その答えを説得的にするためには、近・現代思想においては「実在にして現実に存在するもの」という資格(status)を喪失して「観念」(idea, notion)と化している「神」の現実性(リアリティー)を哲学的に回復する試みが第一に重要不可欠であろう。ある意味では私が本書で述べたことの全体がこの試みであったと言えるかもしれないが[139]、ここではこの試みがとるべき二つのアプローチと私が考えてきたことを改めて述べることで本書の結びとしたい。

第一は存在論的アプローチ、つまりわれわれがあまりに使い慣れているため、その意味を見失っているというよりは、その存在そのものに気付かなくなっている「ある」という言葉に、いわば万物の創造の朝のような気分で出会い、その不思議さに大いに驚くところから出発するアプローチである。主語と述語を結びつけて命題を成立させる「である」は何らかの実質的な意味内容を含むのに対して、何かが「ここに・今」知覚され、われわれがそれの現実存在を言い表すときに発声する「ある」は単なる措定・定立（die Position）であって、何ら実質的な意味内容を含まない「……がある」だ、というのが通説と言ってよいであろう。

この通説を存在論的に言い表したのが、先立ってのバークリの「在るとは知覚される（ということ）である」（esse est percipi）であり、それによれば、すべての在るものとは知覚の直接対象、すなわち「観念」（idea）に他ならないことになり、われわれが認識する世界、そのすべての在るものは「観念」だということになる。これはきわめて奇妙な結論であって、われわれが認識する世界を実在しない幻想的な現れに変容させるような印象を与えるが、われわれが知覚によって直接的に認識するのは観念であり、すべての人間的認識は観念から構成されるという前提に立つ限り、必然的に認めざるをえない結論であろう。

(139) なぜなら、われわれが「神」と呼ぶ存在が「実在するもの、現実に存在するもの」であるという前提があってはじめて「神とは何か」という問いは意味を持つからである。

じつは「観念の道」(the way of ideas)と呼ばれるこの近代的な認識理論はデカルトの形而上学的な物心二元論の論理的帰結であり、心(精神)の働きが及ぶ領域は心的領域に限られるのであるから、われわれ(心)が認識する対象はすべて心的な観念にならざるをえないのである。このきわめて奇妙な物心二元論の帰結が「哲学のスキャンダル」としてカントを悩ませたことは前に触れたが、ヒュームが率直に認めたように、われわれはこのような「哲学のスキャンダル」を哲学的思索に専念する書斎に閉じ込め、現実の日常生活においてはわれわれが知覚によって「ここに・今」在ると知覚する事物は実在する、という自然的信念(natural belief)に従う道を選ぶことで事態を切り抜けてきたのであった。

しかし直接に知覚できない、つまり感覚的に経験できないわれわれの心、あるいは神の実在性ということになると、自然的信念に訴えることはできないので、それらは観念という資格(ステイタス)にとどまらざるをえない。デカルトがいかに神は最も実在的であることを論証しても、観念であることに変わりはなく、生ける実在としてわれわれの現実生活の中に入ってくる可能性は閉ざされたのであった。

近代思想において神がこのように実在性を喪失して観念の領域に閉じ込められることになったそもそもの発端は、デカルトの物心二元論にはるかに先立って中世後期に起こった形而上学的変革において見出される、と私は考えている。そこで起こったことは古代の教父学から中世のスコラ学に及ぶ長い形而上学的探求を通じて形成された、神の実在性を有効に意味表示し・適切に語りうるような、「……である」という本質的・形相的存在をさらに現実化し、完成する「ある」（esse）の形而上学の成立、そしてそれの急激な崩壊であった[140]。

神が近・現代思想においてわれわれに直接に働きかける生きた実在ではなくなり、単なる観念になってしまったのは、「ある」という言葉が「ここに・今」何かが「在る」と知覚するこの私という人間の「措定」「定立」という働きに解消されてしまい、すべての在るものの第一根源・終極目的である「在る（エッセ）」そのものたる神へとわれわれの精神が向かうべき道が閉ざされたからだ、と私は考えた。この考え方、そしてこのような「ある」の根本的変容は、デカルトが「在る」を「思考する（コギト）われのわれ在り」という自己意識に閉じ込めることによって「観念」に還元したことに先立って、中世後期に起こった形而上学の変容によって「ある」はわれわれの精神を実在する神へと導く力を喪失していた、という私の歴史的解釈の当否は読者の判断に委ねる他ない。

（140）「ある（エッセ）」の形而上学は一三世紀のトマス・アクィナスにおいて成立し、一四世紀のドゥンス・スコトゥス、ウイリアム・オッカムにおいて急速に崩壊した。参照。拙著『トマス・アクィナス《存在（エッセ）》の形而上学』春秋社、二〇一三年。

他方、右に述べた「ある」の根本的変容が何時いかなる仕方で起こったにしても、今日のわれわれの知的領域における神への無関心は、古代・中世を通じて形成・継承された「神と魂を知りたい」という知恵の探求の成果としての形而上学の崩壊がその原因である、と私は確信している。私がこの書物で試みた「神とは何か」という問いは、われわれの「知りたい」という自然本性的な願望の根源・核心であり、われわれが人間として善く生きるために行うべき知恵の探求の中心課題でもある「自己認識」に必然的に伴う問いである。そしてこのことを認識するためには、形而上学の復権が第一の課題なのである。

第二の課題は、神をわれわれの知的関心の領域から切り離し、単なる観念へと変容させる結果を招いた神の「超越性」についての捉え方、および語り方に関する批判的考察である。私は本書で「神とは何か」と問う知的探求は、それを徹底的に進めようと試みるのに対応して、われわれは神の「何であるか」を知りえないという自覚を強めるという結果を生むことを指摘した。しかもこの神は何であるかの不知の自覚こそ、われわれが到達しうる最高の、そして最も完全な「神」認識であることを強調した。

しかしこのことは、われわれが神について知ることはそのようにもわずかで乏しく不完全だから価値がない、そもそも人間は無限・永遠なる神の前では虚無に等しいのだから、神を知り、神の救いの業に協力することなどまったく不可能と心得るべきだ、ということを意味するのでは決してない。私が言いたいのは、無限・永遠・全能など神の絶対的な超越性と人間の虚無にも等しい微小さとを、いわば同じ秤にかけるかのように比較して、後者が無価値で無意味であるかのような言い方をするのはまったくの誤りだ、ということである。なぜなら、被造物たる人間が有するものはすべて神の創造の業に無条件的に依存しているのであるから、それらをいわば同じ秤にかけること自体が無意味だからである。

私が何か些少で空虚なことを言っているように感じられる読者は、たとえば改革者マルティン・ルターの「神の恩寵の前では人間の自由意志など何の意味もなく、むしろ奴隷意志こそふさわしい」といった趣旨の発言を思い出していただきたい。ルターは罪人を義とする神の救いの業においては恩寵がすべてであり、人間の自由意志がこの神の業に参与することなどありえない、と主張しており、改革者J・カルヴァンも、より抑制の効いた表現をもって、罪人が義とされるのは神の恩寵の業のみによってであり、人間の自由意志の働きは何ら関わりえない、と明言している。そこに神の無限・全能と人間の力の虚無的な弱小を対照させることで神の超越性を明確にしようとする意図を読み取るのは誤りであろうか。

おそらく読者の多くが神の無限と全能の前では人間の力は虚無に等しい、という言い方を問題にする私の方が変わり者で、ルターが「恩寵のみ」(sola gratia) の立場の純粋さを保つために「奴隷意志」という思いきった表現を用いたことを支持されるかもしれない。しかし私は罪人を義人とする神の救いの業においては恩寵がすべてである、と何の妥協も限定も容れない仕方で主張することは、義とされ救われる人間を何ら貶しめ「虚無化」することなしに為されうるのであり、また為されるべきだ、と考える。そしてじつは神の無限と全能という超越性を明確にしようとして人間の力を虚無化することは、神の「何であるか」についての誤解へと導く重大な誤りであって、それが近代において「神」の実在性を喪失させ、単なる観念へと還元させてしまった原因ではないか、と言いたいのである。

じつを言うとルターが深く尊敬していたというクレルヴォーの修道院長ベルナルドゥスは『恩寵と自由意志について』(*De Gratia et Libero Arbitrio*) の冒頭で「神の恩寵のみが私の救いの『作者』(auctor) であるのなら、私の自由意志の為すことが何か残っているのか」と問い (ルターは知らなかったのであるが)「人間の救いの業の全体が同時に神 (の恩寵) と人間 (の自由意志) の二者に帰着させられる」と答えているのである。ベルナルドゥスは決して言葉の遊びをしているのではなく、魔術に類することを言っているのでもない。彼は救いは神の業であるから救いの全体が神の恩寵によって (ex) 為され、また救いは人間の救いであるから救いの全体が自由意志において (in) 為される、とごく自然に当たり前のことを述べている。そしてこのような神の恩寵と人間の自由意志に関する理解は、基本的に古代のアウグスティヌスから中世のトマス・アクィナスに到るキリスト教思想の長い伝統において保持されてきたものであった。

神の絶対的な超越性を強調するために神の前における人間を虚無に等しい存在として表現しようとする傾向は、近代思想の特徴と言えるかもしれない。カントが「私は信じることに場所を得させるために、知ることをやめなければならなかった」と告白するのも、信仰という神的権威と知識という人間の権能とを秤にかけて、後者に譲歩を迫っているのであり、ルターの「奴隷意志」とどこか共通の考え方が認められる。

いずれにしても、救いの業の全体が救う神に帰せられるのであれば、救われる人間の為すことは何もない、という考え方の根底には神と人間を同列に置いて、いわば力を競わせるかのような発想があり、これが神の「何であるか」についての致命的な誤りに導き、ひいてはそのような「神」をわれわれの知的探求の領域から遠ざけることになった、と言いたいのである。

なぜかと言えば、神の前に人間は虚無に等しいと言うのは敬虔主義(ピエティスムス)の極致のように見えて、じつは「慈しみと憐れみに満ち、恵み豊かさと真(まこと)にあふれる」「愛(アガペ)」なる神の否定につながるものだからである。敬虔主義(ピエティスムス)が神の否定に導くというのはまったくの暴論と思われるかもしれないが、本書で繰り返し強調したように（敬虔主義のような）人間の尊厳を傷つける立場は必然的に神の「何であるか」についての誤解と結びついており、そのような立場の根底にある「神」への反感や敵意へと導く危険があることを指摘しておきたい。

10. 「キリスト信仰」は日本的霊性と無縁ではない

本書を書いていた間中、つねに私の頭に去来していたのは、ここで述べているキリスト教的「神」理解と、日本的霊性・宗教性の形成に寄与し、またそれを表現した人物たちの「神」理解とはどのように関係づけられるか、という問題であった。この問題に立ち入ることはできないが、西田幾多郎、鈴木大拙、滝沢克己など日本的霊性について深く思索した思想家から学びえた限りでは、日本的霊性に固有の「神」理解は絶対的な超越性の強調にとどまるものではなく、絶対者の絶対的な自己否定としての無辺（むへん）の大悲こそ絶対者の本質であるとするものであった。

絶対者の絶対者であることの決定的な証しが無辺の大悲である、と語ったのは鈴木大拙であるが、西田幾多郎の「超越的内在」、滝沢克己の「インマヌエル（われらとともにいます神）の原事実」も同じことの表現であると言えよう。このように見てくるとき、日本的霊性を「八百万（やおよろず）の神を崇める多神教」といった通俗化した宗教学的用語で説明することはまったく不十分であって、われわれはむしろ、無辺の大悲を本質とする「神」理解が日本的霊性の中核であって、いわゆる「八百万の神々」はむしろこの神の無辺の大悲に与(あずか)って「神となった人」を指すものと解することもできるのではないだろうか。

いずれにしても日本人に固有の霊性・宗教性は自然の豊かな恵みと先祖の貴重な遺徳への讃美と感謝の祭儀を通じて、それら恵沢の根源である絶対者の無辺の大悲を深く感じ取っていたことを見落としてはならないと思う。

あとがき

この書物が生まれるきっかけ、と言うよりは発芽・成長してこの書物まで育つことになる種子は三年前に講談社の山﨑さんから届いた一通の手紙であった。そこには私がこれまで中世哲学の研究者として重ねてきた思索を振り返って「神とは何か」という今の日本の思想界の常識から言えば「挑戦」とも響く表題の書物にまとめる気はないか、という提案(アイディア)が記されていた。山﨑さんはこの手紙の中で、中世哲学というキリスト教神学と密接に結びつく分野の研究者が「神とは何か」を論じようとすれば信仰や教会、そして三位一体や人となった神・キリストなどの教義(ドグマ)にも触れることになるだろうが、どこまでも哲学を素地として誰にでも解る平易な言葉で語ってもらいたい、とも付記しておられた。

この構想は私にとってまことに手強(てごわ)い挑戦と映ったが、同時にやり甲斐のあるきわめて魅力的な提案だったので、引き受けてすぐに仕事に取りかかった。ところが仕事を進めるうちに次第にはっきりと意識するようになったのだが、この書物の構想は私が定年で九州大学の哲学第一講座の教授職を辞した頃から次第に心の中で明確な形をとるようになっていた、私の大学卒業論文以来の哲学的探求の「総括」とも言うべき著作の構想とぴったり重なり合うものであった。それはじつは平凡極まる著作構想であって「私の哲学概論」とでも呼ぶほかないもの、つまり私自身の哲学的探求の紹介である。

「私の」と言っても私は自分のライフワークを書く資格も能力もなく、「独創的」という意味で「私の」と呼ぶつもりはまったくない。ただ自分が進めてきた哲学的探求についての「学問的良心」の表現としての「私の」であり、学生の頃に覚えた古語「こは貧弱なれど我がものなり」('tis poor, but 'tis mine) という意味であえて「私の」と言ったまでである。したがって私はこの書物を哲学概論として書いたのであり、そのように読んでいただければ幸いである。

この書物を書き終えた今、私が一番気になるのは、「神とは何か」という問いの意味を副題の「哲学（すなわち「知恵の探求」）としてのキリスト教」という観点からどこまでつきとめることができたか、ということである。「哲学としてのキリスト教」という言葉は「キリスト教は哲学である」という単純な主張ではないし、「党派的（セクト）」な意味での「キリスト教的哲学」を意味するのでもない。そうではなく宗教であるキリスト教をどこまでも「知恵の探求」として理解する試みである。私はこの観点を忠実に守ろうと努めたつもりであるが、その点の当否は読者の判断に委ねるしかない。ただ私はこれまでのわが国における哲学研究において、「哲学としてのキリスト教」に対する関心が欠如もしくは不足していたのではないかと考えて、その点を補足したかったまでである。

「人生五〇年」が常識であった時代から、今はすでに「人生八〇年」を過ぎて「人生一〇〇年」の時代に入りつつある、と聞く。明らかなのは、生活の必要や欲求を充足するための労働から解放されて、人間として最も大事な事柄について静かに考えて学び、学びとったことに基づいて生きるべき閑暇(スコレー)の飛躍的な増大である。そして「人間の尊厳」に相応しい閑暇の過ごし方は何より「知恵の探求」ではないか。

ところが超高齢化社会を生きなければならない人々が関心を示しているのは「働き方改革」つまり健康を保ちつつより長く労働に従事できるような生活環境であり、恵まれた閑暇(スコレー)を人間にとって最も大事なこと、すなわち人間であることを学び、人間の真実の幸福に近づくための閑暇(スクール)（学校）にしようという動きは見られないようである。このような社会状況、その根底にある精神的雰囲気というか思想的傾向は戦後特に顕著になった（そしてそれは根本的には明治開国以来の西洋近代啓蒙主義の影響による）個人の自由選択・自己決定を絶対視する極端な個人主義によって特徴づけられるのではないか、と私は考えている。

このような考え方は、個人主義は人間の基本的権利を保証する根本原則だ、という通念が広く支持されている事実に照らして的外れもはなはだしいと批判されるであろうが、フランス革命の「自由（リベルテ）、平等（エガリテ）、友愛（フラタニテ）」の三理念のうち自由、平等の理念をほとんど絶対的価値であるかのように重視する「進歩的」知識人の思想の根底にあるのは個人（というよりはむしろ人間）を超える普遍的な価値基準・規範を認めようとしない啓蒙主義的な個人主義ではないか、というのが私のささやかな形而上学的自己認識に支えられた「人間」理解に基づく解釈である。

　私は啓蒙主義的な個人主義は他のすべての人間から区別され、分離された一人称単数の「わたし」の掛け替えのない価値を限りなく高めるように見えて、じつは人間という存在を絶えず変化する巨大な物理的宇宙の片隅にその宇宙的変化の微少な一部分として位置づけているだけだ、と思われてならない。知恵の探求の意義を忘却して、形而上学的な「視力」を喪失した人間は、「自然界の支配者にして所有者」（デカルト）たることを誇りながら、じつは自らが永遠に不可変な生命（いのち）を生きる精神的存在である限り、まさしく「全体」であり、全宇宙を自らのうちに包みこむ「無限へのちから」を有することを忘却している。

「人間の尊厳」と言っても、これまで繰り返し強調したように人間の自由は絶対ではなく、人間の能力は無限では決してない。しかしパスカルが言った通り「人間は無限に人間を超えており」（『パンセ』434）、そのように無限へと開かれた可能性を有することこそ人間の本質なのである。そしてこのような精神的存在としての人間の本質を探求し、認識する「知的視力」を強めることから始めて精神的存在それ自身の認識である「自己認識」を達成し、さらに自己という存在の根拠を探る試みが形而上学に他ならない。そして、これまで述べてきたことから、それは形而上学を研究するごく限られた少数の人間だけが取り組む仕事ではなく、人間として善く生きようとする者すべてが直面すべき課題であることを読者は理解して下さると思う。

講談社現代新書　2514

神とは何か　哲学としてのキリスト教

二〇一九年二月二〇日第一刷発行

著　者　稲垣良典

発行者　渡瀬昌彦

発行所　株式会社講談社

東京都文京区音羽二丁目一二―二一　郵便番号一一二―八〇〇一

電　話　〇三―五三九五―三五二一　編集（現代新書）

〇三―五三九五―四四一五　販売

〇三―五三九五―三六一五　業務

装幀者　中島英樹

印刷所　株式会社新藤慶昌堂

製本所　株式会社国宝社

定価はカバーに表示してあります　Printed in Japan

N.D.C. 100　270p　18cm
ISBN978-4-06-513503-7

「講談社現代新書」の刊行にあたって

教養は万人が身をもって養い創造すべきものであって、一部の専門家の占有物として、ただ一方的に人々の手もとに配布され伝達されうるものではありません。

しかし、不幸にしてわが国の現状では、教養の重要な養いとなるべき書物は、ほとんど講壇からの天下りや単なる解説に終始し、知識技術を真剣に希求する青少年・学生・一般民衆の根本的な疑問や興味は、けっして十分に答えられ、解きほぐされ、手引きされることがありません。万人の内奥から発した真正の教養への芽ばえが、こうして放置され、むなしく滅びさる運命にゆだねられているのです。

このことは、中・高校だけで教育をおわる人々の成長をはばんでいるだけでなく、大学に進んだり、インテリと目されたりする人々の精神力の健康さえもむしばみ、わが国の文化の実質をまことに脆弱なものにしています。単なる博識以上の根強い思索力・判断力、および確かな技術にささえられた教養を必要とする日本の将来にとって、これは真剣に憂慮されなければならない事態であるといわなければなりません。

わたしたちの「講談社現代新書」は、この事態の克服を意図して計画されたものです。これによってわたしたちは、講壇からの天下りでもなく、単なる解説書でもない、もっぱら万人の魂に生ずる初発的かつ根本的な問題をとらえ、掘り起こし、手引きし、しかも最新の知識への展望を万人に確立させる書物を、新しく世の中に送り出したいと念願しています。

わたしたちは、創業以来民衆を対象とする啓蒙の仕事に専心してきた講談社にとって、これこそもっともふさわしい課題であり、伝統ある出版社としての義務でもあると考えているのです。

一九六四年四月　野間省一